MODERN BUSINESSPEAK ENCYCLOPEDIA

「アジェンダ」とかがわかる

現代ビジネス用語事典

〈監修〉文京学院大学 経営学部教授 池田芳彦

日本文芸社

はじめに

カタカナ語の評判は、いつの時代もどうもよろしくありません。積極的にカタカナ語の意義を認めようという記事に出くわした記憶がないのです。既に廃刊となってしまったフリーマガジンの『R25』が毎年発表する『日本語で言ったほうがいいと思う「カタカナ語」TOP10』は楽しみにしていた特集記事でした。

最近は、偉い人たちの挨拶などの全文が、インターネットで直ぐにアップロードされたりしています。すると、その挨拶の内容を褒め称える記事よりは、内容そっちのけでカタカナ語の羅列や用法に非難が集中するケースが目立ちます。

しかし考えてみると、カタカナ語に対する雑言は理屈として通りません。多くの人々が悪口を恐れてカタカナ語使用を思いとどまるどころか、実際にはカタカナ語が氾濫しています。ともすれば、カタカナ語を使うほうが良いと考える人がかなりいるということでしょう。

カタカナ語はどうも符丁や業界用語に通じるところがあります。それらの目的のひとつは、その言葉を使う私達と私達以外を分けることで仲間意識を醸成することにあるのです。もうひとつの目的は、周囲に悟られずに仲間にすばやく伝達することにあります。

カタカナ語を多用する人に出会ったら、この人は仲間意識が強く、物事をあえて正確に伝えずはぐらかそうとしているな、と思って聴き入ると途端に気が楽になるでしょう。

なお、日本の大学で学ぶ欧米アジアからの留学生は異口同音にカタカナ語が難しいと悲鳴をあげています。外来語なのだから、英語ネイティブの留学生には馴染みやすいかというと、どうやらそうでもないらしいのです。英語がひとたびカタカナ語に変換されると、発音も含めて別物になるのでしょう。

じつは外来語が問題になるのは日本だけではありません。タイでタクシーのドライバーは「チョーファー・テクシー」という。コンカップロット（khon khap rot）というタイ語があるにもかかわらず、英語の chauffeur（運転手）を外来語として使っているのです。

本書はビジネスでしばしば出くわす言葉をカタカナ語を中心に集めています。いまさら人に意味を聞けない言葉を基準に選別し、簡単な用例とともに少し洒落を効かせて解説しています。みなさんの一助になれば幸いです。

── 池田芳彦　バンコクにて

現代ビジネス用語事典　もくじ

あ 行 …… 7

「あ」から始まる用語 …… 8
「い」から始まる用語 …… 17
「う」から始まる用語 …… 24
「え」から始まる用語 …… 26
「お」から始まる用語 …… 29

COLUMN① 今さら聞けない略語・略称① …… 34

か 行 …… 35

「か」から始まる用語 …… 36
「き」から始まる用語 …… 40
「く」から始まる用語 …… 43
「け」から始まる用語 …… 47
「こ」から始まる用語 …… 49

COLUMN② 今さら聞けない略語・略称② …… 56

さ 行 …… 57

「さ」から始まる用語 …… 58
「し」から始まる用語 …… 60
「す」から始まる用語 …… 69
「せ」から始まる用語 …… 72
「そ」から始まる用語 …… 75

COLUMN③ 今さら聞けない略語・略称③ …… 76

た 行 …… 77

「た」から始まる用語 …… 78
「ち」から始まる用語 …… 81
「つ」から始まる用語 …… 83
「て」から始まる用語 …… 83
「と」から始まる用語 …… 88

特集 今さら聞けない「最高○○責任者」のすべて
「CxO」の意味と職位 …… 90
役職名略称一覧 …… 92

な 行 …… 93

「な」から始まる用語 …… 94
「に」から始まる用語 …… 96
「ね」から始まる用語 …… 98
「の」から始まる用語 …… 99

は 行 …… 101

「は」から始まる用語 …… 102
「ひ」から始まる用語 …… 108
「ふ」から始まる用語 …… 111
「へ」から始まる用語 …… 120
「ほ」から始まる用語 …… 122

ま 行 …… 125

「ま」から始まる用語 …… 126
「み」から始まる用語 …… 131
「む」から始まる用語 …… 133
「め」から始まる用語 …… 133
「も」から始まる用語 …… 135

COLUMN④ 今さら聞けない略語・略称④ …… 138

や 行 …… 139

「や」から始まる用語 …… 140
「ゆ」から始まる用語 …… 140

COLUMN⑤ 今さら聞けない略語・略称⑤ …… 142

ら 行 …… 143

「ら」から始まる用語 …… 144
「り」から始まる用語 …… 144
「る」から始まる用語 …… 149
「れ」から始まる用語 …… 150
「ろ」から始まる用語 …… 152

COLUMN⑥ 今さら聞けない略語・略称⑥ …… 156

わ 行 …… 157

「わ」から始まる用語 …… 158

ページの見方

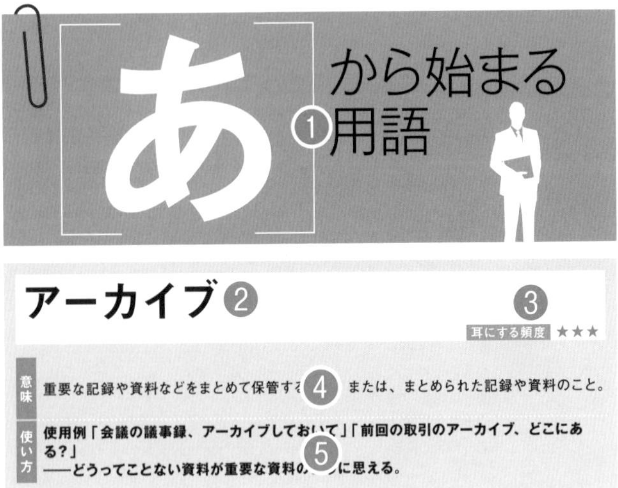

あ
から始まる
①用語
アーカイブ②
③
耳にする頻度 ★★★
意味
重要な記録や資料などをまとめて保管す ④ または、まとめられた記録や資料のこと。
使い方
使用例「会議の議事録、アーカイブしておいて」「前回の取引のアーカイブ、どこにある?」
⑤
——どうってことない資料が重要な資料の に思える。

❶50音順の項目。

❷用語。50音順に掲載している。

❸その用語を耳にする頻度。独断と偏見に基づき、以下の規準で付けてある。

★☆☆…あまり耳にしない。初めて聞いたレベル

★★☆…業種によっては耳にする。なんか聞いたことあるようなレベル

★★★…業種に関わらずわりと耳にする。知っていた、もしくは何度か聞いたことあるレベル

❹用語の一般的な意味。用語によっては複数の意味を持つ場合もあるが、基本的にはビジネスにおける意味を記載している。

❺その用語の日常会話における具体的な使用例を紹介。用語によっては【勘違い注意】【間違った使い方】【具体的な例】【応用】【気をつけよう】【類語】【ほかの意味】【こぼれ話】といったケースを紹介している場合もある。

あ 行

「あ」から始まる用語 …… 8
「い」から始まる用語 …… 17
「う」から始まる用語 …… 24
「え」から始まる用語 …… 26
「お」から始まる用語 …… 29

COLUMN①
今さら聞けない
略語・略称① …… 34

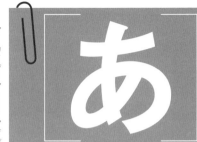

あから始まる用語

アーカイブ

耳にする頻度 ★★★

意味 重要な記録や資料などをまとめて保管すること。または、まとめられた記録や資料のこと。

使い方 **使用例「会議の議事録、アーカイブしておいて」「前回の取引のアーカイブ、どこにある?」**
――どうってことない資料が重要な資料のように思える。

アーキテクチャー

耳にする頻度 ★★☆

意味 設計思想や構造のこと。もともとは建築分野で使われていた用語で、その後コンピュータ関連でも使用されるようになった。

使い方 **使用例「○○君の企画書（プレゼン、報告書）は、アーキテクチャーがしっかりしているね」**
――あたかも深く読み込んでホメているように響く。

アーリーアダプター

耳にする頻度 ★★★

意味 新しいサービスや商品に早い段階で反応し、利用する人たちのこと。「オピニオンリーダー」（31ページ）になることが多い。

使い方 **使用例「まずは発信力のあるアーリーアダプターに、この商品の存在を知ってもらえたらと思います」**
――「新しもの好きのお調子者」というニュアンスもある。

アイスブレイク

耳にする頻度 ★★☆

意味
初対面の人同士の緊張を解きほぐすための手法。方法としては、自己紹介や簡単なグループワークといったものがある。

使い方
使用例「このあいだの研修は、アイスブレイクがいちばん面白かったな」
――研修の中身のなさを暗に批判したいときに。

アイドルコスト

耳にする頻度 ★★☆

意味
企業の持つ設備や労働力が十分に活かせないことによって生じる損失のこと。工場の生産ライン停止により発生する費用などがこれに当たる。

使い方
【勘違い注意】**「アイドルコストもバカにならないんだぞ！」**
――推しのアイドルのCDやコンサートにつぎ込む費用のことではない。

アイドルタイム

耳にする頻度 ★★☆

意味
休業や休憩、手待ちなどの理由により、生産設備が稼働してない時間のこと。日本語では「無作業時間」「遊休時間」などと呼ばれる。

使い方
【勘違い注意】**「アイドルタイムを減らせば原価を抑えられる」**
――推しのアイドルの動画を見たりコンサートに行ったりする時間のことではない。

あいみつ

耳にする頻度 ★★☆

意味
相見積もりの略。同じ条件で複数の業者から見積もりを出してもらい、料金を比べること。

使い方
使用例「じつは、あいみつで恐縮なんですが」
――ほかの会社と比較していることを伝えて、いい条件を出してくれよとプレッシャーをかけている。

アウトソーシング

耳にする頻度 ★★☆

意味 自社の業務を社外の組織や個人に委託すること。または、外部から重要な部品を調達すること。

使い方 **使用例「アウトソーシングした場合、コストはともかくクオリティをどう維持するかが課題ですね」**
――「外注」よりも立派なことをしている気になれる。

アウトライン

耳にする頻度 ★★☆

意味 物事のあらすじや概要のこと。ビジネスでアウトラインという場合、仕事や議題の概要という意味で用いられることが多い。

使い方 【間違った使い方】**「ほら、あの人は、出世コースのアウトラインにいるから」**
――「外側」という意味ではない。

青天井

耳にする頻度 ★★☆

意味 青空を天井に見立てた言葉で、モノの価格や株価の相場が際限なく上がり続けていく状態のこと。

使い方 **使用例「バブルの頃は使える経費が青天井だったな」**
――50代の上司が昔を懐かしんで言いがちなセリフだが、若手社員には間違いなく眉をひそめられる。

アカウンタビリティ

耳にする頻度 ★★☆

意味 相手の了解を得るために業務内容や方針、経過などについて対外的に説明する責任のこと。いわゆる「説明責任」。

使い方 **使用例「今の時代、このプランを実施するには、各方面へのアカウンタビリティを果たす必要がありますね」**
――上司の暴走をさりげなく止めたいときに。

アクションラーニング

耳にする頻度 ★★☆

意味 架空の問題ではなく、組織における現実の課題を題材に、その解決策を考え、実行していくことで、個人・組織の成長を目指す学習法。

使い方 **使用例「たいへんだと思うけど、一種のアクションラーニングだと思って取り組んでみたらどうかな」**
――壁にぶち当たっている部下を慰めるときに。

アクティブリスニング

耳にする頻度 ★☆☆

意味 コミュニケーション技法のひとつ。相手の言葉を積極的に聴き入れ、相手の気持ちに共感し、問題解決に努めるよう促していく姿勢のこと。

使い方 **使用例「キミも部下を持ったんだから、アクティブリスニングができるようにならないとね」**
――具体性はないが貴重なアドバイスに聞こえる。

アグリー

耳にする頻度 ★☆☆

意味 ある主張に対して賛成や同意をすること。「その意見にアグリーする」といった使われ方をする。

使い方 **使用例「私としてはアグリーです」「きっと先方もアグリーだと思いますよ」**
――「賛成」と言えば済むが、何となくカッコイイ。

あごあしまくら

耳にする頻度 ★★☆

意味 「あご」は食費、「あし」は交通費、「まくら」は宿泊費を意味する。食費、交通費、宿泊費が支給されること。

使い方 **使用例「あごあしまくら付きでこんないい思いをさせてもらえて、ありがたいよね」**
――出張先で同僚と解放感にひたりつつ飲む場面で。

アサーティブ

耳にする頻度 ★★☆

意味

相手の意見を尊重しつつ、自分の気持ちも率直に主張するコミュニケーション方法のこと。

使い方

使用例「アサーティブな言い方で申し訳ないけど」
――同僚や部下に言いにくいことを言う場面で。相手を立てつつ腹を割って話そうとしている姿勢が伝わる。

アサイン

耳にする頻度 ★★☆

意味

「あてがう」「割り当てる」「任命する」「指定する」などの意味。「このプロジェクトの担当としてアサインする」のように用いる。

使い方

【勘違い注意】「アサインしてくれ」という指示は、朝のうちに来てほしいという意味ではない。「明日は会場にアサインだ」も意味を勘違いした使い方。

アジェンダ

耳にする頻度 ★★★

意味

計画、予定表、議事日程、協議項目といった意味で使用される。政治の分野では、取り組むべき検討課題や、行動計画を指す。

使い方

使用例「ウチはいつも行き当たりばったりで、会社としてのアジェンダがはっきりしていないんだよ」
――同僚と飲みながら会社への不満をこぼすときに。

アジャイル

耳にする頻度 ★☆☆

意味

仕様変更などに対して、機敏かつ柔軟に対応するための手法およびその理念。おもにソフトウェア開発において用いられる。

使い方

【応用】「アジャイル型組織」「アジャイル経営」といった使い方も。それぞれ「迅速な動きができる組織」「状況の変化に機敏に対応していく経営」ぐらいの意味。

~預かり

耳にする頻度 ★★★

意味 「~が問題を引き受ける」という意味。「その問題については、いったんは部長預かりとなりました」のように用いる。

使い方 **使用例「この件は、いったん預からせてください」**
――遠まわしな断わり文句としても使える。また「部長預かり」の多くは、預かったまま返してはくれない。

アセスメント

耳にする頻度 ★★★

意味 客観的に評価、査定すること。「人材アセスメント」「環境アセスメント」「リスクアセスメント」のように用いる。

使い方 **使用例「アセスメントが足りませんでした」**
――「情報収集」の意味もある。上司に対して取引先のコンペで落ちたことを言い訳するときに。

アセット

耳にする頻度 ★★☆

意味 資産や資源のこと。広義としては「価値のあるもの」という意味合いを持つ。また、利点や強みといった意味で用いられる場合もある。

使い方 **使用例「現状を打開するには、我が社のアセットをもっと活かすべきかと考えます」**
――意見を求められたけど何も思いつかないときに。

遊び

耳にする頻度 ★★★

意味 「余裕」のこと。「スケジュールに遊びを持たせる」といった形で用いられる。

使い方 **使用例「遊びなしのギリギリのスケジュールですので、よろしくお願いします」**
――そう言いつつも、たいていは多少の遊びがある。

アテンド

耳にする頻度 ★★★

意味
「付き添って世話をする」「案内役を務める」「接待する」ことを意味する。「取引先の社長をアテンドする」のように用いる。

使い方
【気をつけよう】**アテンドするほうが使う分にはいいが、されるほうが「来週そちらに行くので、アテンドしてください」と言うと、かなり図々しい響きになる。**

アドホック

耳にする頻度 ★★☆

意味
「場当たり的な」「その場に応じた」という意味。「不測の事態にもアドホックに対応する」というように用いる。

使い方
使用例「何かあったら、アドホックに対応してくれ」
――イベントのスタッフなどに。「いちいち相談しなくていいから、勝手にやってくれ」と丸投げする言葉。

アナウンス

耳にする頻度 ★★★

意味
放送などを用いて、広く周囲に案内などを告げること。または、特定の相手に対して通知、告知すること。

使い方
使用例「今度の新しいプロジェクトのこと、社内にもっとアナウンスしたほうがいいね」
――「知らせる」よりも丁寧な感じに聞こえる。

アフィリエイト

耳にする頻度 ★★★

意味
成果報酬型のインターネット広告プログラム。自分のウェブサイトなどに広告を張り、そこから販売につながった場合に報酬が支払われる。

使い方
使用例「ブログとかはアフィリエイト目当てで商品をホメてる場合もあるから、気をつけたほうがいいよ」
――世の中にはアフィリエイトで食べている人も多い。

あ行 か行 さ行 た行 な行 は行 ま行 や行 ら行 わ行

アフターサービス

耳にする頻度 ★★★

意味 企業が自社の商品やサービスを購入した顧客に対して行うサポートサービスのこと。

使い方 **使用例「申し訳ありません。そこはアフターサービスの範囲外で、我が社では対応いたしかねます」**
――サービスと言いつつ、そういうこともよくある。

アプローチ

耳にする頻度 ★★★

意味 ある目的を達成するために人に近づいたり、親しくなったりすること。または、研究や問題解決の手段。「歴史的観点からのアプローチ」など。

使い方 【勘違い注意】**上司に「先方の担当者にアプローチしてこい」と言われて、仮に相手が異性だったとしても、デートに誘ってお近づきになれという意味ではない。**

アポ（イントメント）

耳にする頻度 ★★★

意味 面会や会合の約束を取ること。電話で約束を取ることを「テレアポ（テレフォンアポイントメント）」と呼んだりする。

使い方 **使用例「担当者とのアポは取れています」**
――単に会う約束をしただけだが、「アポ」という言葉を使うと、ひと仕事成し遂げたような気になれる。

アライアンス

耳にする頻度 ★★☆

意味 もともとは「同盟」「協力」の意味があり、ビジネスにおいては企業同士が利益のために協力し合う体制＝企業提携のことを指す場合が多い。

使い方 **使用例「A社とB社は、アライアンスが取れてるからなあ。ウチでは太刀打ちできないかもね」**
――戦いを諦めるときの口実としても使える。

粗利（あらり）

耳にする頻度 ★★★

意味 売上高から売上原価を差し引いた利益額のこと。「売上総利益」とも呼ばれる。

使い方 **使用例「スーパーに売ってる焼きいもは、けっこう粗利がいいらしいよ」**
――「利益率」でもいいが、経済通っぽく聞こえる。

アルゴリズム

耳にする頻度 ★★★

意味 問題を解決するための明確化された手順や思考方法のこと。コンピュータのプログラムはアルゴリズムを基礎として作成される。

使い方 **使用例「仕事上の課題は、解決へのアルゴリズムが存在しているはずだから、じっくり考えてみろ」**
――悩んでいる部下に、とくに妙案はないけど一応アドバイスするときに。

アンテナショップ

耳にする頻度 ★★★

意味 企業が販売目的というより消費者の動向を観察して市場の情報収集を目的とした店舗のこと。

使い方 **使用例「出張のお土産を買い忘れたからアンテナショップで調達しよう」**
――本人は大丈夫と思っていても部下にはばれている可能性が高い。

アンラーニング

耳にする頻度 ★☆☆

意味 一度学んだ知識や価値観を意識的に一度忘れ、新たに学習し直すこと。「学習棄却」や「学びほぐし」とも言われる。

使い方 **使用例「アイデアを生み出すには、今までの経験や知識をいったんアンラーニングすることも必要だぞ」**
――そう言われて簡単にできれば苦労はしない。

あ行
か行
さ行
た行
な行
は行
ま行
や行
ら行
わ行

い から始まる用語

イエス・バット法

耳にする頻度 ★★☆

意味 最初に相手の意見を「そうですね（YES）」と肯定したあとに、「しかし（BUT）と自分の意見を述べるコミュニケーション法のこと。

使い方 **使用例「なるほど、ごもっともです。ただ、気になるのが……」「おっしゃるとおりです。とはいえ……」**
――ぜんぜん納得していないときにも、よく使われる。

育児休暇

耳にする頻度 ★★★

意味 育児を目的として取る休暇のこと。日本の場合、「育児介護休業法」で育児休暇は1歳未満の子供を育てるための休業と定義されている。

使い方 【気をつけよう】**育児休暇に入る当人は、必要以上に周囲に気を遣ってナーバスになっている。「大丈夫だよ」など、あたたかい言葉を念入りにかけて送り出そう。**

維持的リハーサル

耳にする頻度 ★☆☆

意味 一度覚えたことを忘れないよう繰り返し反復すること。知識を関連付けして理解を深めつつ反復することを「精緻化リハーサル」という。

使い方 **使用例「もう歳だからさ、維持的リハーサルをしてないと、商品名や機能の違いをすぐ忘れちゃうんだよね」**
――遠まわしに勉強熱心っぷりをアピールできる。

イシュー

耳にする頻度 ★★★

意味
課題、議題、問題点のこと。とくに重要な課題や問題点のことを「クリティカルイシュー」と言ったりする。

使い方
使用例「今日の会議のイシューは、最近問題になっている施設内の異臭（イシュー）についてです」
――ぜひ実際に使ってみたい。

イシューマネジメント

耳にする頻度 ★★☆

意味
今後、発生する問題点をあらかじめ予測し、対応策を考えることで事態の悪化を未然に防ぐマネジメント法。

使い方
使用例「このプロジェクトは、イシュマネージメントを意識して進めたほうがいいかもしれないな」
――この言葉を得意気に使う人ほど、それができない傾向がある。

一両日中（いちりょうじつちゅう）

耳にする頻度 ★★★

意味
「1～2日中」という意味。なお、2日目を「明日」とするか「明後日」とするかは2つの解釈があり、人によって捉えかたが異なる。

使い方
【気をつけよう】「お約束の資料、お待たせしていて申し訳ありません。一両日中には必ずお送りします」
――こう言って今日中に送られてくることはまずない。

一瞬

耳にする頻度 ★★★

意味
「ちょっと」「束の間」の意味。「一瞬だけ席を外します」といった形で用いる。

使い方
使用例「すいません。一瞬、電話してきます」
――ダラダラ続く会議を抜けるときに。「一瞬」が数十分になることは多い。時には永遠になることもある。

行って来い

耳にする頻度 ★★☆

意味

「元に戻る」「プラスマイナスゼロ」という意味。「新規の仕事を受けたけど、経費も余分にかかったから行って来いだよ」のように用いる。

使い方

使用例「このあいだ飲んだときに出してもらったから、行って来いで今日は俺が出すよ」
――そう言って自分が少し多めに出すと信頼を得られる。

いっぴ

耳にする頻度 ★★★

意味

月の第1日、月の初めの日のこと。たとえば「5月いっぴ」は5月1日、「6月いっぴ」は6月1日となる。

使い方

使用例「契約期間は来月のいっぴからでいいかな」
――「1日（ついたち）」と言っても何の支障もないが、「いっぴ」のほうが区切りがよさそうに聞こえる。

イデオロギー

耳にする頻度 ★★★

意味

社会や政治のあり方などに対する思想や信条のこと。日本語では「観念形態」と呼ばれる。

使い方

使用例「お前は日本酒好き、俺は焼酎好きで、イデオロギーが合わないけど、まあ仲良くやろうぜ」
――こういう話はいいが、政治の話をするときに使うと険悪な雰囲気になる。

イニシアチブ

耳にする頻度 ★★★

意味

主導権のこと。「契約交渉でイニシアチブを握る」といった場合は、契約交渉の主導権を握り、交渉を有利に進めているという意味になる。

使い方

使用例「2次会はどこに行こうか．お前．このへん詳しいんだから、イニシアチブを取ってくれよ」
――面倒な役割を押し付けるときにも使える。

イノベーション

耳にする頻度 ★★★

意味
従来の仕組みや方法、技術などを改革して新たな価値を創造し、社会的に大きな変化をもたらす活動のこと。

使い方
【類語】**イノベーター。イノベーションを起こす人を指すこともあれば、新しい技術や商品に真っ先に飛びついて、変革をリードする人を指すこともある。**

いまいま/今今

耳にする頻度 ★★☆

意味
「いましがた」「たったいま」という意味。「いまいま頼まれたことなので、これから対応します」のように使われる。

使い方
使用例「いまいまの巻き巻きだもんなあ」
――いきなり急ぎの仕事を振られたときに。リズミカルな言い方で、自分のテンションを上げている。

色を付ける

耳にする頻度 ★★★

意味
物事の扱いに情を加えること。商品にオマケを付けたり、価格を値引きしたり、提示した額よりも多く報酬を支払ったりすること。

使い方
使用例「もうちょっと色を付けてもらえると……」
――いつもより手間がかかった場合などに、価格や謝礼額を少し上げてほしいという要求をやんわり伝える。

インキュベーション

耳にする頻度 ★☆☆

意味
新しい事業や起業家を支援・育成すること。また、こうした支援活動を行う団体などをインキュベーターと呼ぶ。

使い方
【気をつけよう】**「支援・育成」ではなく、わざわざ「インキュベーション」を使いたがるタイプは、信用しないほうがいいかも。たぶん本人は意味をわかっていない。**

インスパイア

耳にする頻度 ★★★

意味 ある人物の思想や行動に、自分の思想や行動が影響されたり、新たな価値観やひらめきを与えられたりすること。

使い方 【間違った使い方】**「君の話にインスパイアされたんだけど」と言いながら、人のアイデアを丸パクリする輩もいる。インスパイアと言えば許されるわけではない。**

インセンティブ

耳にする頻度 ★★★

意味 目標達成のための刺激策。販売ノルマを達成することで支払われる報奨金などがこれに当たる。

使い方 **使用例「ウチの会社は基本給はそこそこだけど、がんばればインセンティブがでかくなるから」**
——ブラック企業が新入社員に言いそうなセリフ。

インターフェイス

耳にする頻度 ★★★

意味 種類の異なるコンピュータ機器同士、コンピュータとプログラム、コンピュータと人を結びつける規格や機能のこと。

使い方 **使用例「このスマホ（タブレット、デジカメなど）は、インターフェイスがイマイチなんだよね」**
——さも詳しい人のような顔ができる。

インターンシップ

耳にする頻度 ★★★

意味 学生が企業において、研修的な短期間の就業体験を行う制度。仕事や企業への理解を深めることなどを目的としている。

使い方 【間違った使い方】**無料バイトとしてこき使うのは論外だが、「お客様」として上辺だけ見学してもらうのも望ましくない。理解を深める仕組み作りが必要である。**

インタラクティブ

耳にする頻度 ★★★

意味 一方通行ではなく、双方向に情報をやり取りすること。インタラクティブな機器としてはコンピュータやテレビゲームが挙げられる。

使い方 **使用例「今日は上司も部下も関係なく、インタラクティブに楽しくコミュニケーションを取り合いましょう」**
――部の飲み会で。なかなか実現は難しいが……。

インテグレーション

耳にする頻度 ★★☆

意味 複数の異なる要素を組み合わせたり、統合したりすること。企業同士の合併や部署の統合などがこれに当たる。

使い方 **使用例「あっ、もしもし、どこの店で飲んでるの？　よかったらこっちとインテグレーションしない？」**
――飲み会で別のグループと合流するときに。

インバウンド

耳にする頻度 ★★★

意味 電話やメールでの問い合わせ、ウェブサイトへのアクセスなど、顧客が自主的に企業に接触してくること。

使い方 【ほかの意味】**「外から中へ入り込む」という意味から、外国人の訪日旅行の意味で使われることも多い。対義語は、日本人の海外旅行のことを言う「アウトバウンド」。**

インバウンド・マーケティング

耳にする頻度 ★★☆

意味 顧客の興味をひくコンテンツを発信し、顧客が自主的に企業に接触してくるようにするマーケティング手法。

使い方 【ほかの意味】**訪日客や日本に興味を持つ外国人をターゲットに、商品や地域の魅力を伝えたり、広く情報発信をしたりすることを指すこともある。社員向けのコミュニケーション戦略のひとつであるインターナル・マーケティングと混同しないように。**

インフルエンサー

耳にする頻度 ★★★

意味
世間に与える影響力が大きい人物のこと。こうした人物を起用して販売促進につなげることを「インフルエンサー・マーケティング」と呼ぶ。

使い方
【勘違い注意】「流行性感冒」(インフルエンザ)のことではない。うっかり言い間違えると、当人たちは妙にプライドが肥大しているので、本気でムッとされる。

インフレ/インフレーション

耳にする頻度 ★★★

意味
モノやサービスの価格が継続的に上昇すること。基本的には需要が供給を上回った場合に発生する。

使い方
使用例「不景気も困るけど、インフレも困るよね」
――困っているだけで、とくに何も言っていないセリフ。たしかに景気が良くなると物価が上がる傾向はある。

インプレッション

耳にする頻度 ★★☆

意味
自社製品をアピールするための印象付け。または、インターネット広告が表示された回数のこと。

使い方
使用例「もっと強烈なインプレッションを与えなきゃ」「ファーストインプレッションが大事なんだよ」
――「印象」と言うよりインプレッションが強い。

う から始まる用語

ウィンウィン

耳にする頻度 ★★★

意味 双方に利益があること。Win-Win。基本的に商売は買主は欲しい品物を、売主は現金を手に入れることができるためウィンウィンの関係といえる。

使い方 **使用例「お互いにとってウィンウィンな落としどころを見つけることができてよかったです」**
――そう言いたがる側が、たいてい余分に得している。

上（うえ）

耳にする頻度 ★★★

意味 組織において、上の立場にある人間のことを指した呼び方。会社の場合では経営陣を指すことが多い。

使い方 **使用例「私はいいと思うんですが、上が納得しなくて」**
――他ならぬ自分自身が納得していないことを断わる口実として、概念としての「上」を活用している。

ウォンツ

耳にする頻度 ★★☆

意味 自身のニーズを満たすための具体的な手段への欲求。「喉を潤したい」というニーズに対して、「水が欲しい」と思うのがウォンツとなる。

使い方 **使用例「ぼくの中にはキミと親密な関係になりたいというニーズがあって、そのためのウォンツとして……」**
――口説き文句として使ってみるのも一興かも。

裏紙

耳にする頻度 ★★☆

意味
プリントした片面印刷の用紙の裏面。または、その用紙自体のこと。コスト削減のために裏紙をメモ用紙として利用する企業もある。

使い方
【勘違い注意】**裏紙をコピー用紙に使うと、紙づまりが起きやすくなって、むしろコスト増になる。そう説明しても、あくまで裏紙を使いたがる上司は多い……。**

裏口

耳にする頻度 ★★★

意味
正当な手段ではない方法で物事を行うこと。たとえば「裏口入学」は、正規の試験の結果ではなく、縁故や賄賂などで入学することを指す。

使い方
使用例「難航しているA社へのアプローチの件ですが、キーマンにつながる裏口を見つけられそうです」
——たぶんたいした裏口ではないのでアテにならない。

売上

耳にする頻度 ★★★

意味
商品やサービスを提供したことで得られた代金のこと。こうした企業活動を通して得た代金の総額を「売上高」と呼ぶ。

使い方
使用例「顧客サービスも大事だけど、その努力を売上につなげることも考えないと本末転倒だぞ」
——誠実な対応をするタイプは上司にこう言われがち。

売掛

耳にする頻度 ★★★

意味
代金を商品の受け渡し時点でなく、後日支払ってもらうことを約束して商品を売ること。

使い方
使用例「売掛した分は、代金を回収できて初めて売上になるんだぞ。できなかったら大損なんだからな」
——上司から部下に。当たり前だけど忘れられがち。

え から始まる用語

営業

耳にする頻度 ★★★

意味 利益を得ることを目的に継続的に事業を営むこと。得意先に商品を売り込んだり、新たな得意先を開拓すること。

使い方 **使用例「オレは営業だから、とにかく売るだけだよ」**
――平日の昼間によく見かけるコーヒーショップでのんびりとコーヒーを飲んでいる人たちは、これが営業の仕事だと言う。

エース

耳にする頻度 ★★★

意味 ある集団の中でもっとも優れた能力を持っていたり、卓越した手腕を発揮してくれる人物のこと。

使い方 **使用例「彼は我が社（ウチの課）のエースだから」**
――部下や同僚を社外の人に紹介するときに。実際はそういうわけではない場合も、本人は悪い気はしない。

エクスキューズ

耳にする頻度 ★★★

意味 「弁明」や「言い訳」のこと。「エクスキューズが多い」は「言い訳が多い」という意味になる。

使い方 **使用例「ちょっとエクスキューズしておきますと」**
――こう前置きして自分に有利な情報を伝える。ただの言い訳なのに、重要で有益な話に聞こえる……かも。

エクスマ

耳にする頻度 ★★☆

意味
エクスペリアンス・マーケティングの略。消費者が商品を購入するまでのプロセスに価値や喜びをもってもらうことを重視して展開するマーケティングのこと。

使い方
使用例「弊社ではエクスマを重視しております」
――対外的にだけではなく、社内にもエクスマをお願いしたいと思う人も多い。

エグゼクティブ

耳にする頻度 ★★★

意味
企業の上級管理職のこと。これが転じて、「高級」や「贅沢」という意味でも用いられる。

使い方
使用例「おお、エグゼクティブ感が漂ってますね」
――先輩や上司の新しいスーツ（ネクタイ、カバンなど）をホメるときに。じつは安物でも問題はない。

エスカレーション

耳にする頻度 ★☆☆

意味
業務上で対応しきれない事態が起きた場合に、組織の上位者に報告して事態の対応を引き継ぐこと。

使い方
【勘違い注意】話をなおさらこじらせて、先方との対立を「エスカレート」させることではない。ただ、結果的にそうなってしまうケースはしばしばある。

エスクロー

耳にする頻度 ★★☆

意味
売り手と買い手の間に第三者（金融機関等）を介入させて譲渡金額を決済する取引方法。ネットオークションの決済などでも利用されている。

使い方
使用例「エスクロー取引だから大丈夫だよ」
――ネットオークションで高額なものを買うことに対して、身内が「危なくないの？」と心配してきたときに。

エピゴーネン

耳にする頻度 ★★☆

意味
先人の真似ばかりをする「模倣者」や「追従者」のこと。もとは芸術分野で生まれた用語で、ビジネスではいわゆる「後追い」の意味で使われる。

使い方
使用例「あの会社は、昔からエピゴーネンばっかりやってるからなあ」
――それはそれで会社としてのあり方のひとつである。

エビデンス

耳にする頻度 ★★★

意味
「証拠」「根拠」「裏付け」のこと。一般的なビジネスの場面では、契約書や議事録などを指す場合が多い。

使い方
使用例「今日はエビデンスに基づいてお話しできたらと」
――言った言わないの話になって、感情的になっている相手をなだめつつ、こちらの言い分を通したいときに。

エルダー制度

耳にする頻度 ★☆☆

意味
比較的若手の先輩社員が新入社員とペアを組み、マンツーマンで指導や相談などを行う制度。

使い方
使用例「あの人、俺が入社したときにエルダーをやってくれたんだよ。その時は世話になったんだよな」
――その後もいい関係が続くとは限らない。

エンパワーメント

耳にする頻度 ★★☆

意味
意思決定の権限などと現場や部下に与えることで、個人の自主的な行動と能力を引き出し、組織全体の生産性を向上させる取り組み。

使い方
【勘違い注意】**「円（エン）」の力にモノを言わせて、海外で事業を強引に進めることではない。そもそも、最近の「円」には、そういう力はなくなってしまった。**

お から始まる用語

オーセンティック

耳にする頻度 ★☆☆

意味 「本物」「正真正銘」「信頼できる」という意味。偽りなく自分をさらけ出すリーダー像を「オーセンティック・リーダーシップ」と呼ぶ。

使い方 **使用例「○○さんみたいな人のことを『オーセンティックなリーダー』って言うんでしょうね」**
――上司や先輩をおだてたいときに。

オーソライズ

耳にする頻度 ★★☆

意味 「公認される」「正当と認める」という意味。「オーソライズされた商品」といった用いられ方をする。

使い方 **使用例「この商品は、公的機関や専門家からもオーソライズされていますから、間違いありません」**
――強調し過ぎると、逆にうさん臭く聞こえる。

オープン価格

耳にする頻度 ★★★

意味 メーカーが商品の希望小売価格を設定せず、いくらで販売するかは小売業者の判断に任せる方式のこと。

使い方 **【気をつけよう】「最近はカメラとかパソコンとか、オープン価格が多いから得かどうかわかりづらいよね」**
――けっして新しい言葉ではないので、この嘆き方は年寄り臭く聞こえる。

オープンクエスチョン

耳にする頻度 ★★☆

意味
「はい」「いいえ」などの選択肢を設けず、自由に返答できる質問形式のこと。「休日はなにをしていますか」のような質問のこと。

使い方
使用例「オープンクエスチョンで聞くけど、俺のことどう思ってる?」
——こういう聞き方をする男は、きっと嫌われる。

美味しい

耳にする頻度 ★★★

意味
自分にとって都合が良いこと。好ましいこと。労力のわりに報酬が多い仕事を「美味しい仕事」と言ったりする。

使い方
使用例「いいなあ。美味しい話じゃない」
——自分が美味しい思いをしたときより、他人の美味しい状況をうらやむ場面で使うことのほうが多い。

押す

耳にする頻度 ★★★

意味
予定よりも進行が遅いこと。「会議の時間が押している」のように使われる。

使い方
【応用】**遅れが重なって、きちんとした対応ができなくなっている状況を「押せ押せ」と言う。使用例「いろいろ押せ押せになっていて申し訳ありません」**

お局様（つぼねさま）

耳にする頻度 ★★★

意味
勤続年数が長く、ほかの社員を仕切る立場にある女性社員のこと。江戸時代に大奥で女中を取り締まった老女にちなんだ俗称。

使い方
【気をつけよう】**「私なんてすっかりお局様だからさあ」**
——ベテランの女性社員が自分でこう言ったとしても、けっして「そうだね」と同意してはいけない。

落とし込む

耳にする頻度 ★★★

意味
曖昧な考えや発想を具体的な形にまとめ上げること。「アイデアを企画に落とし込む」のように使用する。

使い方
【間違った使い方】**曖昧な思い付きをずらずら並べただけなのに、さも仕事をしたような顔で「企画書に落とし込んでみました」と言いたがるタイプもいる。**

落としどころ

耳にする頻度 ★★★

意味
対立する事柄やもめごとについて、最終的に双方が納得する妥協点。「価格交渉の落としどころを探る」のように用いる。

使い方
使用例「まあ、そのへんが落としどころですかね」
――迷惑を受けた側が、相手がどう対処するかを聞いて「今回はそれで許してやるよ」という意味を込めつつ。

オピニオンリーダー

耳にする頻度 ★★★

意味
集団の中で他のメンバーに対して大きな影響を持つ人物のこと。または、「アーリーアダプター」(8ページ) であることが多い。

使い方
使用例「あの部署では、課長じゃなくて○○さんが実質的なオピニオンリーダーだからさ」
――単に声がでかい人や押しが強い人のこともある。

オプトインメール

耳にする頻度 ★★☆

意味
事前に利用者が配信することを許諾したメールのこと。企業によるメールマガジンなどで用いられる。

使い方
使用例「無差別に送りつけるんじゃなくて、オプトインメールじゃないと読んでもらえないかと」
――数撃てばいいと思っている企業はまだまだ多い。

オポチュニティ

耳にする頻度 ★☆☆

意味
「機会」「好機」という意味。「チャンス」とほぼ同義語だが、こちらは「努力してつかんだ機会・好機」というニュアンスがある。

使い方
使用例「せっかくつかんだオポチュニティなんだから、自分たちの強みを全部伝えていかなきゃ！」
――もし噛んだら台無し。くれぐれも気をつけたい。

オミット

耳にする頻度 ★★☆

意味
「除外する」「省く」という意味。「不良品をオミットする」のように用いる。

使い方
使用例「来週の飲み会、○○にも声かける？」「うーん、メンツ的にグループが別だから、オミットしようか」
――「除外する」をソフトに表現したいときに。

オリエン（テーション）

耳にする頻度 ★★★

意味
学校や会社に新たに入った人たちに対して、組織の仕組みやルールなどを説明すること。または最初の業務指示のこと。

使い方
使用例「入社直後に明日はオリエンだって聞いて、みんなでオリエンタルランドに行くのかと思いました」
――オリエンの話題が出たときに言ってみたい軽口。

折り返し

耳にする頻度 ★★★

意味
かかってきた電話に対して、再度こちらから電話をかけなおすこと。「担当者が不在なので後ほど折り返させます」のように用いる。

使い方
【気をつけよう】**「折り返しいただけたら幸いです」と、かけたほうが使うこともできる。ただし、立場が下の側が上の側に「折り返し」を求めるとムッとされる。**

折りTEL

耳にする頻度 ★★★

意味
折り返しテレフォンの略。すなわち、事前にかかってきた電話に対して、再度こちらから折り返しの電話をかけること。

使い方
使用例「あっ、さっき総務の○○さんから内線があって、折りTEL欲しいって言ってましたよ」
――フランクな雰囲気を演出することができる。

オルタナティブ

耳にする頻度 ★★☆

意味
もともと「二者択一」という意味があり、そこから「既存のものに代わる新しい選択肢や代替案」という意味でも用いられるようになった。

使い方
【具体的な例】「オルタナティブ・テクノロジー」（再生可能エネルギーの活用技術）、「オルタナティブ・メディシン」（代替医療）など。どちらも、少しうさん臭い。

オンスケ（ジュール）

耳にする頻度 ★★☆

意味
作業や計画が予定されたスケジュール通りに進んでいることを指す。

使い方
使用例「今のところオンスケで進んでますので、当初の予定通りにお引き渡しできるかと思います」
――テキパキ感と順調にいってる感を強調できる。

今さら聞けない略語・略称①

COLUMN①

AIDMA

読み アイドマ

語源 Attention・Interest・Desire・Memory・Actionの頭文字を取った造語

消費者がある製品やサービスの存在を知り、購入や利用に至るまでの心理的プロセスを説明するモデルのひとつ。ある製品やサービスに注目（Attention）して関心（Interest）を持ち、欲しい（Desire）ものとして記憶（Memory）し、最終的に購入（Action）に至るというプロセスを経るという考え方。

ASAP

読み アサップ、エイサップ

語源 as soon as possibleの略語（頭字語）

「できるだけ早く」「至急」といった意味の英熟語「as soon as possible」の頭文字を取って省略した形。「至急お願いします」というニュアンスで、英文でのビジネスメールやチャットなどで一般的に使われている。「asap」や「A.S.A.P.」という表記をすることもあるが、意味は同じ。

ARCSモデル

読み アークスモデル

語源 Attention・Relevance・Confidence・Satisfactionの頭文字を取った造語

動機づけの理論を活用した学習意欲向上モデルで、「おもしろそうだ」と学習者の興味や関心を引き（Attention）、「やりがいがありそうだ」と思わせ（Relevance）、「やればできる」と自信を持たせ（Confidence）、「やってよかった」という満足感を与える（Satisfaction）という4つの側面を提示している。

BTO

読み ビーティーオー

語源 Build To Orderの略語（頭字語）

製造業のビジネスモデルのひとつで、顧客からの注文を受けてから、半完成品や部品を組み立てて出荷する受注生産方式のこと。製造企業は製品在庫を持つ必要がなく、顧客は自分に必要な機能やスペックを持つ製品を購入できるメリットがある。主にパソコンメーカーが直販で展開している。

か

「か」から始まる用語 …… 36
「き」から始まる用語 …… 40
「く」から始まる用語 …… 43
「け」から始まる用語 …… 47
「こ」から始まる用語 …… 49

COLUMN②
今さら聞けない
略語・略称② …… 56

「か」から始まる用語

外勤（がいきん）

耳にする頻度 ★★★

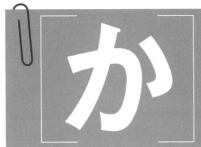

意味 会社などで営業や集金、配達、警備などのために、主に社外で仕事をする人、または、その仕事のこと。「外回り」とも。

使い方 **使用例「この炎天下、外勤のお仕事はたいへんですね」**
――誰かに対して言うときは「外勤のお仕事」、自分について言うときには「外回り」がしっくりくる。

買回り品

耳にする頻度 ★☆☆

意味 消費者が価格や品質を比較検討するため複数の店舗を「買い回る」商品。購入頻度が比較的低く、耐久消費財や趣味品がこれにあたる。関連語は最寄り品（137ページ）。

使い方 【具体的な例】**自動車、高級家具、衣料、ブランド小物、ピアノなど。響きからは、いろんなお店で片っ端から「買い回る」ように聞こえるが、実際の意味はその真逆。**

カウンターパート

耳にする頻度 ★★★

意味 異なる組織で立場や役割が自分と同等の相手のこと。 国際協力などでは、現地で受け入れを担当する機関や人物のことを指すことも。

使い方 **使用例「下っ端と話していても埒があかないから、まずはカウンターパートをつかまえないと」**
――そこにたどり着くまでがひと苦労だったりする。

掛率（かけりつ）

耳にする頻度 ★★☆

意味 小売予定価格（定価）に対する卸値の割合のこと。「卸率」ともいう。小売店から見ると「仕入原価率」となる。

使い方 **使用例「通常は掛率70でお願いしているんですが、ほかならぬ○○さんなので65でどうでしょう」**
――「7掛け」「8掛け」といった言い方もする。

片手間

耳にする頻度 ★★☆

意味 本業や用事の合間のこと。本業の合間にする仕事、簡単な仕事という意味で用いられることもある。

使い方 【間違った使い方】**「資料をまとめるだけだから、片手間でちゃちゃっとやってくれよ」**
――頼む方が使うと、たぶん相手はムッとする。

がっちゃんこ

耳にする頻度 ★★☆

意味 ふたつ以上のデータや資料、アイデアなどを合体させ、ひとつにすること。ホチキスで紙を留めることを指すこともある。

使い方 **使用例「じゃあ、鈴木のアイデアと佐藤のアイデアをがっちゃんこすればいいんじゃないか」**
――そう言いつつ、片方の比率が9割という場合も。

カテゴリーキラー

耳にする頻度 ★★☆

意味 家電、カメラ、眼鏡、紳士服など特定の分野（カテゴリー）に絞り込んだ商品を豊富に揃え、低価格で大量に販売する小売店のこと。

使い方 **使用例「近ごろ我々の分野にもカテゴリーキラーが出てきちゃったから、この先どうなるかわからないよ」**
――こんなことノンキに言っている側は淘汰されやすい。

架電（かでん）

耳にする頻度 ★★★

意味 電話をかけること、または、すでに電話で話した内容のこと。もともとは法曹界で使われていた業界用語だったとされる。

使い方 **使用例「のちほど、こちらから架電いたします」「先日の架電の件ですが、その後いかがでしょうか」**
――礼儀正しさや相手を立てている気配を醸し出せる。

カニバリ（ゼーション）

耳にする頻度 ★☆☆

意味 市場で自社の商品が自社の他の商品と競合してしまい、シェアを奪い合う現象のこと。本来は生物界での共食いの意。カニバリズムとも言う。

使い方 **使用例「どうやら新製品のAが、以前からあったBとカニバリゼーションを起こしているようです」**
――単なる凡ミスを複雑な現象のように表現できる。

ガバナンス

耳にする頻度 ★★☆

意味 企業が法令を遵守し、効率的な運営により競争力と収益力が向上するように企業経営を管理、監督する仕組みのこと。

使い方 【勘違い注意】**これによって手間がかかる仕組みや面倒な縛りが増えるだけと考えるのは、時代遅れの認識。昨今はこれを軽視したら、かえって手間や面倒が増える。**

カバレッジ

耳にする頻度 ★★★

意味 あることの影響が及ぶ範囲、適用される範囲のこと。放送局の受信可能エリア、新聞・雑誌の購読者数、広告の訴求範囲を指すこともある。

使い方 【応用】**個人の影響力が及ばない人物を指して、「あいつは部長のカバレッジの外にいるからな」と言うことも可能。「部長派じゃない」と言うより生臭くない。**

上期（かみき）

耳にする頻度 ★★★

意味
会計年度などの1年を2等分した前半の6ヵ月のこと。上半期とも。後半の6ヵ月は下期という。4等分すると四半期（62ページ）となる。

使い方
【応用】**会議の場で「じゃあ、営業部長からカミキ（上期）リュウノスケの数字を発表してもらおうか」と言って場を和ませるのも一興。もちろん大スベリのリスクはある。**

噛む

耳にする頻度 ★★★

意味
ある事柄に参加すること、ある事柄と関係を持つこと。多くの場合、悪い意味合いで使われる。

使い方
使用例「あの人、すぐ一枚噛みたがるんだよな」
――実際は何にもしないという意味合いも含まれる。「いっちょ噛みする（したがる）」という言い方も。

ガラガラポン

耳にする頻度 ★★☆

意味
組織の人員配置や事業計画など、ある事柄を仕切り直したり、最初からやり直すこと。

使い方
使用例「このプランは、いったんガラガラポンして最初から見直したほうがいいな」
――お茶目な響きが内容の重さをやわらげてくれる。

管理職

耳にする頻度 ★★★

意味
組織の全体、または一部を運営し、一般労働者を指揮、管理、統制する職位を与えられた者のこと。

使い方
【間違った使い方】**企業側が、残業代を払わなくて済むように「管理職」の肩書きを付けるケースもある（名ばかり管理職）。一時期問題になったが、今も根絶してはいない。**

きから始まる用語

機会損失

耳にする頻度 ★★★

意味 在庫切れなど、間違った意思決定により儲け損なうこと。機械の故障など偶発的事態により、本来なら得られるはずの利益を逃すこと。

使い方 **使用例「おたくが納期に遅れたことが原因で、我が社はかなりの機会損失が生じました。どうお考えですか」**
――「売り損ない」と言うよりも迫力が増す。

キックオフ/キックオフミーティング

耳にする頻度 ★★★

意味 キックオフとは、プロジェクトを開始すること。プロジェクトの最初の会合、会議をキックオフミーティングという。

使い方 【勘違い注意】**サッカーやラグビーのキックオフとは違って、ボールは必要ない。キックオフミーティングにあえてボールを持っていくのは、ありがちな小ネタ。**

昨日の今日

耳にする頻度 ★★★

意味 ある事柄が起きてから、わずかな時間しか過ぎていないこと。基本的に決定や約束などが悪い方向に変化している場合に使われる。

使い方 **使用例「昨日の今日で申し訳ないんだけど、来月の出張の話、なかったことにしてくれないかな」**
――お詫びしつつ、昨日の約束を反故にしたいときに。

キャズム

耳にする頻度 ★☆☆

意味　市場に新製品や新サービスを普及させていく際に見られる、初期市場からメイン市場へと至るまでの間にある大きな溝のこと。

使い方　**使用例「あのサービスも、キャズムを越えられるかどうかが運命の分かれ道だね」**
――よく聞くと、当たり前のことしか言っていない。

キャッシュフロー

耳にする頻度 ★★★

意味　一定期間内に、どれだけの現金が流入し、どれだけの現金が流出したかという資金の流れのこと。

使い方　**使用例「今月はキャッシュフローが厳しいから、飲み会は遠慮しておくよ」**
――単に「お小遣い」の意味で使ってみるのも一興。

キャッシュポイント

耳にする頻度 ★☆☆

意味　ビジネスモデルの中で収益を上げる部分のこと。

使い方　**使用例「プリンターよりインクのほうが高いのはキャッシュポイントのせいだ」**
――プリンターのビジネスは、インクカートリッジ販売がキャッシュポイントになっている。

キャパ（シティ）

耳にする頻度 ★★★

意味　施設の収容能力、仕事の対応能力・処理能力、機械の生産能力など、その物が受け入れられる量、人が請け負える量のこと。

使い方　【応用】**「すみません。これ以上は完全にキャパオーバーです」など、自分やグループの「限界」を示すときに使うと、厳密に考えて言っているように聞こえる。**

キャリア

耳にする頻度 ★★★

意味 個人の長期にわたる職業上の経歴や経験のこと。「キャリア組」とは、国家公務員総合職試験（かつての上級甲種試験またはI種試験）に合格した国家公務員の俗称。

使い方 **使用例「へえー、転職したんだ。どんどんキャリアアップしてるね。すごいなあ」**
――本当に「アップ」かどうかは誰にもわからない。

キャリアパス

耳にする頻度 ★★★

意味 企業において、ある職位や職務に就くために、どのような業務経験やスキル、配置移動が必要になるかといった道筋のこと。

使い方 **使用例「ウチの会社はキャリアパスが曖昧なんだよね」**
――こう言っている人は、じつは明確になっているキャリアパスをつかむ力量がないだけのことが多い。

キュレーションサイト

耳にする頻度 ★★☆

意味 インターネット上の情報を選んで集めて整理、または収集した情報を編集して意味や価値を付加し、提供するWebサイトのこと。

使い方 **【応用】キュレーションを行う人は「キュレーター」と呼ばれる。語源は、博物館や図書館などの展示を企画したり見せ方を考えたりする人のこと。**

競合

耳にする頻度 ★★★

意味 競り合うこと。ある企業が進出している分野、市場における他社、または複数の企業が同一の市場でシェアを奪い合う状態のこと。

使い方 **使用例「競合の人間と仲良くしてんじゃねーよ」**
――同業者同士で情報交換の集まりを持ったりすると、ダメな先輩からこう言われがち。聞き流せばいい。

く から始まる用語

クーリングオフ

耳にする頻度 ★★★

意味 訪問販売や割賦販売など特定の契約に限り、一定の期間内であれば無条件で申込みを撤回、または契約を解除できる制度のこと。

使い方 【気をつけよう】**「クーリングオフがありますから、もしお気に召さなくてもご心配ありません」と強調してくる会社は、その期間はなぜか連絡がつかなかったりする。**

クオリア

耳にする頻度 ★☆☆

意味 あるものに対して、個人の主観的な経験をもとに感じる質感のこと。個人の主観によるため、客観的に言葉で説明することはできない。

使い方 **使用例「あのアイドルグループのAとBのどっちがカワイイかは、しょせんクオリアの問題だからな」**
――「感じ方」「フィーリング」を難しく言ってみた。

クライアント

耳にする頻度 ★★★

意味 企業の顧客や取引先、依頼人のこと。特に広告業界においては広告主の意味で使われる。

使い方 **使用例「クライアントの言うことは絶対だから」「クライアントが難色を示してるんだよね」**
――絶対に逆らえない恐怖の魔王的な響きすらある。

クラウドソーシング

耳にする頻度 ★★☆

意味 群衆（crowd）と業務委託（sourcing）を組み合わせた造語で、インターネット上で不特定多数の人を募り、業務を委託すること。

使い方 **使用例「クラウドソーシングを使えば間に合います！」**
――無理なスケジュールを乗り切る裏ワザとして使われることもあるが、悲惨な事態を招く可能性も高い。

クラッカー

耳にする頻度 ★☆☆

意味 クラッキング（コンピュータへの侵入、データの抜き取り、プログラムの破壊、改ざんなど）を行う、コンピュータ技術に長けた者のこと。

使い方 【勘違い注意】**塩味のビスケットのことではない。また、これに該当するアメリカ人が、ひもにつながった玉をカチカチ鳴らして遊ぶオモチャが好きとは限らない。**

グランドデザイン

耳にする頻度 ★★☆

意味 壮大な図案、設計、構想があり、かつ長期にわたって進められる大規模な計画のこと。教育機関の教育目標や経営理念を指すこともある。

使い方 【間違った使い方】**「この野球場は使いづらいなあ。グランドデザインがいまいちなんだよね」**
――グラウンドの設計やデザインの話ではない。

グリーンカラー

耳にする頻度 ★★☆

意味 プログラマーやシステムエンジニアなどの労働者のこと。環境保護にかかわる仕事に従事する労働者を指すこともある。

使い方 【こぼれ話】**コンピュータのディスプレーの文字が緑色をしていることが多かったため、こう呼ばれるようになった。緑色の服を着ているわけではない。**

クリティカル

耳にする頻度 ★★☆

意味　「危機的な」「重大な」「致命的な」「批判的な」といった意味があり、状況や状態を表すために使われる。

使い方　**使用例「さきほど課長から、ややクリティカルな見解をお伺いいたしましたが」**
――「批判的な」と言うよりも角が立たない。

クリティカルマス

耳にする頻度 ★☆☆

意味　ある商品やサービスの普及率が、一気に跳ね上がる分岐点となる市場普及率のこと。

使い方　**使用例「クリスマスケーキやクリスマスツリーは、いつごろクリティカルマスを越えたんだろうね」**
――ダジャレを言いたいだけで答えを求めてはいない。

グルイン

耳にする頻度 ★☆☆

意味　企業や調査会社が消費者を一室に集めてヒアリングをおこなうこと。グループ・インタビューの略。

使い方　**使用例「今日はグルインがあるから愛想よくしてくれよ」**
――商品よりも対応する人の第一印象が重要になる場合もある。

グレーカラー

耳にする頻度 ★☆☆

意味　ホワイトカラー（124ページ）とブルーカラー（116ページ）の中間的な業務、またはどちらにも分類できない業務に従事する労働者のこと。

使い方　**【こぼれ話】従来は、事務職の労働者を「ホワイトカラー」、生産現場の労働者を「ブルーカラー」と呼んだ。前述の「グリーンカラー」など、最近では色の種類が増えている。**

クロージング

耳にする頻度 ★★☆

意味 顧客との商談を成立させ契約を結ぶこと。代金と商品の受け渡しを終え、売買取引が完了することを指す場合もある。

使い方 **使用例「面倒な客だったけど、無事にクロージングまでもっていけたのは、お前の頑張りがあったからだよ」**
――よりすごいことを成し遂げたように聞こえる。

クローズドクエスチョン

耳にする頻度 ★☆☆

意味 「はい・いいえ」「A・B・C」など、択一で答えられる回答範囲を限定した質問の仕方のこと。

使い方 **使用例「宴会の店を決めるときは、クローズドクエスチョンでみんなに聞かないと、話がまとまらないよ」**
――反対の意味の言葉は「オープンクエスチョン（30ページ）」と言う。

グロースハック

耳にする頻度 ★☆☆

意味 製品やサービスのユーザー動向データを分析し、改善を繰り返すことで製品・サービス自体を進化させていくこと。

使い方 **使用例「我が社の商品の認知度を上げるには、さらにグロースハックを重ねる必要があると考えます」**
――偉い人の多くは、こう言われてもピンと来ない。

グローバル・スタンダード

耳にする頻度 ★★★

意味 経済、経営、産業、技術、金融などさまざまな分野における、世界共通の基準や規格、理念、ルールのこと。「世界標準」ともいう。

使い方 **使用例「グローバルスタンダードに乗り遅れますよ」「もはやそれはグローバル・スタンダードではありません」**
――反論を許さない文脈で使われることが多い。

あ行 か行 さ行 た行 な行 は行 ま行 や行 ら行 わ行

「け」から始まる用語

ケーススタディ

耳にする頻度 ★★★

意味 現実に起こった具体的な事例を詳しく調べ、分析、研究によって原理や法則性などを究明し、一般的な原理や法則を見出そうとする研究法。

使い方 **使用例「彼がA社と契約したときのいきさつが、いいケーススタディになるから」——詳しい説明をする役目を押し付けたいときに。**

ケータリング

耳にする頻度 ★★☆

意味 顧客の指定する場所に出張し、会場のセッティング、調理、盛り付け、配膳、片付けまで含めたスタッフ付きのサービスを提供すること。

使い方 **【ほかの意味】「今日はピザのケータリングを頼もうか」「会議のときのお弁当、ケータリングを手配しておいて」など、単に「出前」のことを指す場合もある。**

経営資源

耳にする頻度 ★★☆

意味 ビジネスの遂行に重要な要素をヒト（人材）、モノ（商品）、カネ（資金）、情報（ブランド等）で示した場合のその総称でリソース（147ページ）ともいう。

使い方 **使用例「経営資源をどう振り分けるか。これからますます厳しく、選択と集中を進めなければならない」——もっともらしいが、とくに何も言っていない。**

経費

耳にする頻度 ★★★

意味 「経常費用」の略称。企業が事業を営み、利益を生み出していくためにかかる費用のこと。

使い方 【ほかの意味】**大きく見ると上のような意味だが、実際には「出張の経費」「飲み食いした経費」など、あとで会社に出してもらえるはずの費用を指すことが多い。**

ケツ

耳にする頻度 ★★★

意味 締め切りや納期のこと。次の予定があるために現在の会議や仕事などが続けられる限界の時刻という意味でも使われる。

使い方 **使用例「すみませんが、ケツが3時なので」**
――実際はケツなんてないのに、会議や打ち合わせを早く終わらせたくて、最初にこう宣言することもある。

欠勤

耳にする頻度 ★★☆

意味 会社の了解を得ずに休む、有給休暇の範囲外で休むなど、出勤しなければならない日に勤務を休むこと。

使い方 【気をつけよう】**仮に無断欠勤されてムカついていたとしても、社外の人に「○○は今日は欠勤しております」と言うのは不適切。「休んでおります」ぐらいでいい。**

原価

耳にする頻度 ★★☆

意味 製造業の場合は製品の製造に必要なすべての費用を足したものを指し、小売業の場合は売上高から利益を引いたものを指す。

使い方 **使用例「材料費だけじゃなくて、お店の家賃や光熱費やキミたちの人件費だって原価なんだから」**
――たとえ従業員でも、この認識を持っていたい。

検収（けんしゅう）

耳にする頻度 ★★☆

意味 納入された品物が、発注時の条件（品質・数量・仕様・動作）に合っているかを検査し、確かめてから受け取ること。

使い方 **使用例「検収したのち、こちらからご連絡いたします」**
――よく調べないで受け取ってしまうと、何か不具合があった場合、お互いに面倒なことになる。

「こ」から始まる用語

コア・コンピタンス

耳にする頻度 ★★☆

意味 顧客に対して、競合他社に真似できない利益や価値をもたらすことのできる、企業の中核となる能力（技術・スキル・ノウハウなど）のこと。

使い方 **使用例「さすがお目が高い。ここの部分が我が社のコア・コンピタンスです」**
――買う気がありそうな客への「もうひと押し」に。

コアタイム

耳にする頻度 ★★☆

意味 勤務時間を自由に選択できるフレックスタイム制（117ページ）において、必ず勤務しなければならない時間帯のこと。

使い方 【間違った使い方】**上司が部下に対して「コアタイムにいればいいってもんじゃないんだぞ」と注意するのは、言葉の意味はさておき、何かが大きく間違っている。**

控除（こうじょ）

耳にする頻度 ★★☆

意味　計算に際して、ある金額や数量などを差し引くこと。主に税金の計算で用いられる。

使い方　【具体的な例】**「医療費控除」「生命保険料控除」「住宅ローン控除」など、いろんな種類がある。多くは、自分から会社や税務署に申請しないと恩恵を受けられない。**

午後イチ/午後一

耳にする頻度 ★★★

意味　一般的には、昼休憩後に仕事を始める時間のことを指すが、明確に何時のことを指すかは決まっていない曖昧な表現。

使い方　**使用例「午後イチにメールで資料をお送りします」**
――こう言った場合、通常は14時ごろまでには送りたい。15時はぎりぎり許容範囲、それ以降は予告を守れなかったことになる。

腰巾着（こしぎんちゃく）

耳にする頻度 ★★☆

意味　腰にさげる巾着のように、いつもある人に付き従って離れない人のこと。多くの場合、目上の人のご機嫌を伺う者を見下すときに使う。

使い方　【間違った使い方】**あくまで第三者が使う言葉。目上の側が「俺の腰巾着になれ」と言ったり、自分で「私を腰巾着にしてください」と言ったりはしない。**

コスパ

耳にする頻度 ★★★

意味　あるものに要した費用（コスト）と、得られた効果（パフォーマンス）との対比のこと。「費用対効果」（111ページ）。コストパフォーマンスの略。

使い方　**使用例「今日の居酒屋はコスパがよかったね」**
――価格が良心的だったという意味。日常的な場面では「コスパ」と略して使われることが多い。

コスト・リダクション

耳にする頻度 ★★☆

意味 製品の仕様や原材料、製造工程、在庫管理、販売方法など、あらゆる面で無駄がないかを見直し、コストを縮小、削減する取組みのこと。コスト・カットとも言う。

使い方 **使用例「徹底的なコスト・リダクションを行った結果、利益率を○%上げることができました」**
――実際以上にすごいことをしたように聞こえる。

五十日

耳にする頻度 ★★☆

意味 読み方は「ごとおび」。毎月5日・10日・15日・20日・25日・30日（月末日）のこと。

使い方 **使用例「今日は道が混んでるなあ。あっ、五十日か」**
――なんでもかんでも五十日のせいにすることで、世の中がわかっているような顔ができる。

コミット（メント）

耳にする頻度 ★★☆

意味 責任を持って約束すること、責任を持って関わること。

使い方 ［応用］**某社の「結果にコミットする」というCMコピーは、「必ず結果を出します」「結果に責任を持ちます」という決意の表れ。ま、最後は本人次第だが。**

コモディティ

耳にする頻度 ★★☆

意味 機能や品質による差がなくなり均質化、一般化したため、差別化が困難になった製品のこと。もしくは市場が均質化している状態のこと。

使い方 **使用例「牛丼はすっかりコモディティ化してるから。結局は価格競争になっちゃうよね」**
――「どこで食べても同じ」を小難しく言っているだけ。

コモンセンス

耳にする頻度 ★★☆

意味
常識、良識のこと。企業内での共通の認識、共通の感覚という意味で使われることもある。

使い方
使用例「まずは全員がコモンセンスを持たないと」
――後述の「コンセンサス・ポリティックス（54ページ）」と言い間違えないように注意。響きも意味も似ているが微妙にニュアンスが違う。

コラボレーション

耳にする頻度 ★★★

意味
複数の企業や団体、個人の協力や連携、共同作業、または、その成果として誕生した製品や作品のこと。コラボと略される場合も。

使い方
【気をつけよう】猫なで声で「ウチとコラボしませんか」と言われても、もしかしたらアイデアや技術を利用したいだけなんじゃないかと疑ってみたほうがいい。

コンフリクト

耳にする頻度 ★★☆

意味
相反する意見や利害が衝突し、緊張状態になること。軋轢。コンピュータ上の起きるタスクの競合状態を指すことも。

使い方
使用例「あの件に関してましては、ちょっと今、A社とのあいだでコンフリクトが起きてまして……」
――要は「相手がちょっと怒っている」という意味。

コングロマリット

耳にする頻度 ★☆☆

意味
異業種の企業を合併・吸収することで、多岐にわたる事業を営む複合企業体のこと。グループ会社、企業グループとも。

使い方
【類語】「コンツェルン」は資本的連携を基礎に結合した企業集団のこと。コングロマリットは「多角化形態」で、コンツェルンは「独占形態」と表現される。

コンシューマー

耳にする頻度 ★★★

意味
流通の最終段階で製品やサービスを利用する個人の消費者のこと。一般消費者。カスタマーというと得意客。クライアント（43ページ）は個人ではなく企業。

使い方
使用例「これからはコンシューマー・ファーストを徹底しないと、企業は生き残れない」
――「お客様第一主義」を難しく言ってみた。

コンセプト

耳にする頻度 ★★★

意味
商品、サービス、広告などを企画立案する際の全体を貫く基本的な考え方、概念のこと。コンセプトが少し具体的になるとスキーム（69ページ）となる。

使い方
【こぼれ話】**この言葉は、ホイチョイ・プロダクションズによる広告業界を舞台にした4コマ漫画『気まぐれコンセプト』（1981年〜）によって、一般にも広まった。**

コンセプトショップ

耳にする頻度 ★★☆

意味
独自のテーマやメッセージ、感性を軸にして、それに沿った複数のカテゴリーの商品を揃えて販売する店舗形態。

使い方
使用例「フリーマーケットの各ブースって、いわば参加者の趣味を凝縮したコンセプトショップだよね」
――かもしれないが、だからどうしたという話である。

コンセンサス

耳にする頻度 ★★★

意味
複数人の意見が一致していること、複数人が合意していること。全員が合意していることを指す場合もある。

使い方
使用例「まだ先方とのコンセンサスが得られてなくて」
――この手の弁解が出たときは、説明をサボっていたり、そもそも提案に無理があったりするケースが多い。

コンセンサス・ポリティックス

耳にする頻度 ★☆☆

意味 利害の調整や対立意見の説得、あるいは妥協することで、政策への合意を拡大する政治手法のこと。

使い方 **使用例「近ごろの野党は、コンセンサス・ポリティックスに対する意識が乏しいよね」**
――こう言うと、ちゃんと考えているように聞こえる。

コンティンジェンシープラン

耳にする頻度 ★☆☆

意味 災害や事故など想定外の事態に備えて、被害や損失を最小限に留めるために定めておく対応策や行動手順のこと。緊急時対応計画。

使い方 **使用例「我が社も、コンティンジェンシープランを策定しておいたほうがいいと考えます」**
――重要な提案だが、経営陣には疎まれそうである。

コンテクスト

耳にする頻度 ★★☆

意味 文章などの前後の関係や文脈のこと。察せられる、または察すべき背景の状況や環境そのもののことを指す。

使い方 **使用例「得意先の要望は、言葉ひとつひとつにこだわらずに、コンテクストでとらえなきゃいけないんだよ」**
――それはわかっていても、実際にできる人は少ない。

コンテンポラリー

耳にする頻度 ★★☆

意味 「現代的な」「当世風な」という意味。コンテンポラリーアート＝現代美術といったように、名詞に付けて使われることが多い。

使い方 **使用例「なんていうか、コンテンポラリーだね」**
――どうやら現代風っぽい絵を見せられたが、どう感想を言っていいかわからないときに。

コンバージョン

耳にする頻度 ★★☆

意味
本来は「変換」「換算」という意味だが、マーケティングではWebサイトにおける最終的な成果のことを指す。

使い方
【ほかの意味】**オフィスビルを集合住宅に改造するなどの「用途の変更」や、宗教や信条上の「改心」「改宗」「転向」を指すこともある。**

コンピテンシー

耳にする頻度 ★☆☆

意味
ある職務や役割において、優れた成果を残す人に共通してみられる行動特性のこと。

使い方
使用例「お前も、ひと皮むけようと思ったら、理想のコンピテンシー・モデルを見つけることだな」
——見つけただけで満足するケースも、ままある。

コンプライアンス

耳にする頻度 ★★★

意味
企業や団体などが、法令や規則、社会的規範をしっかり守って経営を行うこと。法令遵守。ガバナンス（38ページも参照）。

使い方
使用例「申し訳ないんですが、コンプライアンス的にちょっと引っかかるみたいで」
——最近は断わる口実として便利に使われている。

COLUMN②

今さら聞けない略語・略称②

B2B（B to B）

読み ビーツービー（ビートゥービー）

語源 Business to Businessの略語（頭字語）

インターネットなどのネットワークを利用して行う企業間の電子商取引のこと。Bとは Businessの頭文字で「企業」を意味し、2はtoの読み替え。インターネットの発達に伴い生まれた用語のため、電子商取引に限定して使われていたが、単に企業間の取引もB2B（B to B）と呼ぶことが増えつつある。

B2C（B to C）

読み ビーツーシー（ビートゥーシー）

語源 Business to Consumerの略語（頭字語）

インターネットなどのネットワークを利用して行う企業と消費者間の電子商取引のこと。BとはBusinessの頭文字で「企業」を、CはConsumerの頭文字で「消費者」を意味し、2はtoの読み替え。インターネット上で商品の販売やサービスを提供するオンラインショップなどがこれにあたる。

EC（eコマース）

読み イーシー（イーコマース）

語源 Electronic Commerceの略語（頭字語）

インターネットなどのネットワークを利用して商品の販売やサービスの提供を行う電子商取引のこと。一般的にはオンラインショップなど、企業と個人間の電子商取引（B2C）を指すことが多い。

EOS

読み イーオーエス

語源 Electronic Ordering Systemの略語（頭字語）

企業間の受発注を、コンピュータとインターネットなどのネットワークを利用して行うシステムのこと。電話やファックスなどで行っていた受発注業務をコンピュータで行うことにより、業務の効率化が進み、人手やコストの削減、納期の短縮、複数の取引先に同時に発注できるといったメリットがある。

さ

「さ」から始まる用語 ……………… 58
「し」から始まる用語 ……………… 60
「す」から始まる用語 ……………… 69
「せ」から始まる用語 ……………… 72
「そ」から始まる用語 ……………… 75

COLUMN③
今さら聞けない
略語・略称③ ……………… 76

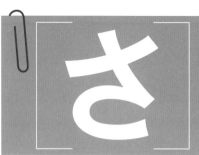

さから始まる用語

サードパーティ

耳にする頻度 ★★★

意味 メーカーの純正品と互換性のある商品を製造・販売する事業者ないし商品のこと。業務の外部委託先を意味することもある。

使い方 【具体的な例】**プリンターの替インクや「ワード」「エクセル」との互換ソフトなど、多くの人が「なんでこんなに高いの？」と感じるところに、活躍の余地がある。**

サービス

耳にする頻度 ★★★

意味 目に見える商品に対して、見えないものがサービス。病院、学校、旅行、保険など。無料、無報酬という意味でも使われる。

使い方 **使用例「うーん、もうちょっとサービスしてよ」**
――家電量販店などで、さらなる値引きを要求するときに。でも、とりあえず強引に食い下がればいいと思っている客は、きっと陰で軽蔑されている。

在庫

耳にする頻度 ★★★

意味 販売することを目的として企業が保有している製品、仕掛品、原材料などのこと。

使い方 【間違った使い方】**在庫と売れ残りは、似て非なるものである。よく見かける「在庫一掃セール」という名目の大売り出しは、単に売れ残りの処分であることが多い。**

～サイド

耳にする頻度 ★★★

意味
「～側」という意味。相対するものの一方の側、またその立場。「住民サイドに立って意見を述べる」など。

使い方
【気をつけよう】**世の中には、自分の頭で考えるのではなく、自分の立場を守ったり肯定したりする意見こそが「自分の意見」だと思い込んでいる人が多い。**

サステナビリティ

耳にする頻度 ★☆☆

意味
「持続可能性」という意味。企業においては、利益の追求だけでなく、社会的責任を果たすことで、将来的な事業存続の可能性を持ち続けるという意味合いで用いられる。

使い方
使用例「目先の利益だけでなく、サステナビリティを担保するための仕組みを考えてみました」
――上司としては、こう言われたら反対しづらい。

サマリー

耳にする頻度 ★★★

意味
文章などの内容や要点をまとめたもの。レポートが膨大な場合、冒頭にサマリーを付けることで、読み手がその要点を把握できる。

使い方
【気をつけよう】**報告書などでも、サマリーを付けることがある。付ける側としてはあくまで「要約」のつもりでも、受け取った側はたいていそれしか読まない。**

五月雨式（さみだれしき）

耳にする頻度 ★★★

意味
途中で途切れながらも、一度で終わらずに続けて物事が行われること。「用意できたものから五月雨式に発送する」のように用いる。

使い方
【気をつけよう】**資料にせよ資材にせよ、全部そろっていないと意味がない場合、言い訳的に五月雨式に送ると相手に無駄な面倒をかけるし、間違いの元となる。**

あ行
か行
さ行
た行
な行
は行
ま行
や行
ら行
わ行

ざる

耳にする頻度 ★★★

意味
大雑把で確認漏れや抜けが多いことのたとえ。「あそこの審査はざるだ」のように用いる。

使い方
使用例「おいおい、数字がデタラメじゃないか。ざるどころか、底が抜けたバケツだな」——ざる以上にダダ漏れな状態を非難するときに。

残業

耳にする頻度 ★★★

意味
規定の勤務時間を過ぎても残って仕事をすること。「超過勤務」「時間外労働」ともいう。

使い方
【間違った使い方】「若いうちはサービス残業なんて当たり前だ。文句言うんじゃない」と言うのは、言葉の使い方はともかく、認識としては大きく間違っている。

「し」から始まる用語

シーズ

耳にする頻度 ★☆☆

意味
「種」という意味があり、そこから企業が持つ、製品化や事業化の可能性のある新しい技術やノウハウ、アイデア、人材のことを指す。

使い方
使用例「いいアイデアだと思うけど、シーズの状態からどう形にして行くかが問題だな」——漠然としている話をそう呼ぶことも多い。

シームレス

耳にする頻度 ★★★

意味 「継ぎ目のない状態」のことで、ビジネスでは複数のサービス間での垣根をなくすという意味で使用される。

使い方 【ほかの意味】**パソコンでは、複数のソフトやウェブサイトを利用する際に、画面全体が切り替わったりすることなく作業が進められる状態のことを言う。**

シェア

耳にする頻度 ★★★

意味 シェア・エコノミーやシェア・ビジネスとは、所有でなく共有をもとにしたした仕組み一般のこと。マーケット・シェアとは市場占有率のことを指す。

使い方 【間違った使い方】**「ボーナスいっぱい出たんだろ。シェアしてよ。飲みに行こうぜ」と「おごってくれ」の意味で使うと、相手はたぶんムカッとくる。**

仕切り価格

耳にする頻度 ★★☆

意味 生産者が卸売業者へ販売するときの価格。「ネット価格（正味価格）」と呼ばれることもある。

使い方 **使用例「仕切り価格、もうちょっとどうにかならないかな。売値が上がっちゃうよ」——買うほうとしてはなるべく安く買いたいのは山々だが、抑えることばかり考えていると信用をなくす。**

下請け

耳にする頻度 ★★★

意味 ある企業が引き受けた仕事を、さらに別の企業が引き受けること。大企業がその業務の一部を中小企業に外注、委託するという形が典型。

使い方 【気をつけよう】**下請け業者に対して、発注側が「下請け呼ばわり」をするのはタブー。「協力会社さん」といった言い方で、相手を立てるのが大人の配慮というもの。**

時短

耳にする頻度 ★★★

意味 労働時間短縮の略。「働き方改革」を受けて、企業にとって時短は達成すべき重要な課題のひとつとなっている。

使い方 【気をつけよう】**一見、いいことのように見えるが、時間だけ短くして仕事量は同じだと、むしろ働く側の負担は増える。時短だけを目的にするのは本末転倒。**

シナジー

耳にする頻度 ★★★

意味 1+1=3のような「相乗効果」のこと。複数の企業が連携し、それぞれの強みを活かすことで、より大きな成果を生み出すといった効果を指す。

使い方 **使用例「このプロジェクトでは、営業と開発、それぞれのチームのシナジーを期待しているからな」**
――対立しそうなふたつのチームに釘を刺している。

芝刈り

耳にする頻度 ★★☆

意味 「ゴルフ」のことを指す隠語。クラブで芝を刈ってしまう程度の腕前、下手の横好きといったニュアンスが含まれる。

使い方 **使用例「最近、芝刈りの調子はどうですか」**
――世間話のきっかけに。同じぐらいの腕前の人に言うのはいいが、段違いに上手な人に言うのは不適切。

四半期

耳にする頻度 ★★★

意味 1年間を3ヵ月ごとに4等分した期間。たとえば、会社が3ヵ月ごとに決算することを「四半期決算」と呼ぶ。第1四半期は日本では一般的に4月から6月の3ヵ月間。

使い方 【類語】**英語で「クォーター」と言うことも。1年を2等分した期間は「半期」。その場合は、前半を「上期（39ページ）」、後半を「下期（64ページ）」と言う。**

私物

耳にする頻度 ★★★

意味
個人の所有物。私物のスマートフォンやタブレットを業務に使うことを「BYOD（Bring Your Own Deviceの略）」と呼ぶ。

使い方
使用例「ロッカーに残ってる私物、どうしますか？」
――退職した会社からそんな電話が。辞めるときはちゃんと私物を全部片付けないと、元の会社に迷惑をかける。

シマ

耳にする頻度 ★★☆

意味
オフィスにおいて、部や課ごとに机がひとかたまりになっている区画のこと。机のかたまりを島に見立てた呼び方。

使い方
【ほかの意味】**反社会的勢力のみなさんの世界では「縄張り」のこと。そこから、行きつけの店やよく通っているエリアを「俺のシマ」と言ったりもする。**

島流し

耳にする頻度 ★★★

意味
社員を遠方や不便な土地に転勤させること。江戸時代に罪人を離島に送った刑罰が由来。

使い方
【間違った使い方】**「○○に転勤なんて、完全に島流しじゃないですか。いくら何でもひどいですよ」**
――当人に向かって「島流し」と言ってはいけない。

締日

耳にする頻度 ★★★

意味
期間内の取引額や給与額、経費などの数字を確定する日のこと。締日がいつかは会社ごとに異なる。

使い方
使用例「今日が締日なので、伝票を回してください」
――経理担当者は口を酸っぱくしてこう言うが、守らない輩が多い。そして、多少は延びるという性質を持つ。

下期（しもき）

耳にする頻度 ★★★

意味 1年を前半と後半に2等分したときの後半の期間のこと。決算が3月末なら4～9月が上期、10～3月が下期となる。

使い方 **使用例「上期は目標を達成できなかったので、その分、下期はいっそうの奮起を期待します」**
――上期より下期のほうが、より厳しく尻を叩かれる。

ジャストアイデア

耳にする頻度 ★★☆

意味 深く検討したわけではない、単なる思いつきのこと。会議中にふとアイデアが思いついた際などに用いる。

使い方 **使用例「これはジャストアイデアなんだけど」**
――「思いつきなんだけど」よりも中身がありそうに聞こえるが、だいたいはロクなアイデアではない。

シャンシャン/しゃんしゃん

耳にする頻度 ★★☆

意味 物事が円満に片付くこと。問題を棚上げにしたまま、表面上は円満に決着したことを揶揄する意味合いで用いられる場合もある。

使い方 【こぼれ話】**歌劇のフィナーレで出演者がシャンシャン鳴る小道具を持って登場することから、この使い方が生まれたと推察される。上野で生まれたパンダの名前でもある。**

什器（じゅうき）

耳にする頻度 ★★☆

意味 日常的に使用する家具や道具のこと。オフィスで言えばイスや机、キャビネットなどが什器にあたる。

使い方 【勘違い注意】**建築工事に使うユンボやブルドーザーなども、同じ発音の「重機」である。「ジュウキの買い替え」と言われて、違うほうを想像すると話が食い違う。**

集中戦略

耳にする頻度 ★★☆

意味 対象とする市場を限定し、そこに経営資源を集中投入することで、企業間の競争優位を実現しようとする戦略のこと。ビジネス対象を絞り込むので諦める意思決定でもある。

使い方 【間違った使い方】**「いいかげん、たまった伝票を整理しなきゃ。よし、ここから1時間は集中戦略だ」。意気込みは伝わってくるが、そういう意味の言葉ではない。**

宿題

耳にする頻度 ★★★

意味 次回までにやっておくべきこと。「この部分は次回までの宿題にしましょう」のように用いて準備することが期待される。「課題にしましょう」よりは強い表現。

使い方 **使用例「前回の宿題になっていた○○の件ですが」**
――たとえ何も考えていなくても、学校の宿題のように「ダメじゃないか」と責めるわけにはいかない。

仕様

耳にする頻度 ★★★

意味 作業のやり方や順序、製造物の構造や性能、部品などの詳細を規定したもの。これらを記した書類を「仕様書」と呼ぶ。「スペック」と言うこともある。

使い方 【ほかの意味】**「この製品はそういう仕様なんです」など、電子機器やゲームの「もともとの設定や性能」を指す場合もある。都合が悪いことの言い訳に使われがち。**

商圏（しょうけん）

耳にする頻度 ★★★

意味 ある商業施設や商店街にとって、顧客になってくれそうな人たちが暮らしている地域的範囲のこと。

使い方 **使用例「新聞の折り込みチラシは、狙った商圏の見込み客に確実に届けられる効果的な宣伝方法だ」**
――商圏の外にどれだけ宣伝しても何の意味もない。

消費者

耳にする頻度 ★★★

意味
現金などの対価を支払って生産された商品やサービスを購入し、消費する人たちのこと。「顧客」よりも一般的な表現である。コンシューマー（53ページ）と同様。

使い方
【応用】**「消費者のニーズ」と「お客様のご要望」は、似ているようで大違い。前者は冷静に分析できるが、後者は理屈抜きで無理を聞かざるを得ない場合がある。**

出荷

耳にする頻度 ★★★

意味
商品や製品が自社から市場や顧客に向けて出ること。「新製品を出荷する」のように用いる。

使い方
使用例「工場のほうの出荷が遅れてまして……」
――実際にそのとおりのこともあるが、言っている人が工場への発注を忘れていたというケースもある。

出向（しゅっこう）

耳にする頻度 ★★★

意味
社員が子会社や関連会社に勤務すること。元の会社に在籍したまま出向先に勤務する「在籍出向」と、出向先に籍を移す「移籍（転籍）出向」がある。

使い方
【具体的な例】**「銀行から出向で来た経理部長」（ほぼ例外なく数字にシビアで堅物）。「業績が悪い子会社に管理職で出向」（そこの社員はきっと言うことを聞かない）。**

ジュニアボード

耳にする頻度 ★☆☆

意味
若手から中堅社員のメンバーが会社の経営に関する提案を行う擬似的な役員会のこと。若手の意欲向上や育成の手法として用いられる。

使い方
【気をつけよう】**発想や狙いは大いにけっこうだが、会社が旗を振って無理にやらせたり、上意下達が染みついた社風だったりすると、効果は期待できない。**

シュリンク

耳にする頻度 ★★☆

意味 「縮小」という意味。「市場のシュリンクにより売上が低迷している」といったように用いる。

使い方 **使用例「この店のエビマヨ、エビのサイズがずいぶんシュリンクしたなあ。シュリンプだけに」**
――中華料理店に行ったときは、繰り出すチャンスをうかがいたい。

ショート

耳にする頻度 ★★★

意味 資金や商品の在庫などが不足すること。または通貨を売り持ちにしている状態のこと。

使い方 **使用例「このままだと月末には現金がショートする」**
――深刻な状況ではあるが、「底を尽く」より「ショートする」と言ったほうが悲壮感は少し和らぐ。

ジョブ

耳にする頻度 ★★★

意味 与えられた仕事や作業のこと。「ジョブローテーション」と言う場合は、定期的に職場の異動や職務の変更を行うことを指す。

使い方 **【応用】「オン・ザ・ジョブ・トレーニング（OJT）」といえば、実際に仕事をしながらの訓練のこと。日本企業の多くは、新人をこのやり方で育てている。**

地雷

耳にする頻度 ★★☆

意味 触れると相手を怒らせる事柄のこと。または問題があったり、厄介な相手や案件のこと。

使い方 **使用例「部長にとって髪の毛の話題は地雷だから気を付けろ」「あの客はまれに見るひどい地雷だ」**
――うっかり踏んでしまったら、簡単には逃げられない。

シンギュラリティ

耳にする頻度 ★★☆

意味 人工知能（AI）が人類の知能を超えることによって起きる世界の変化を指す概念。「技術的特異点」とも呼ばれる。

使い方 **使用例「これだけAIの進化のスピードが速いと、シンギュラリティの到来も、もうすぐかもね」**
――何となく怖いが、まあどうしようもない。

進捗（しんちょく）

耳にする頻度 ★★★

意味 本来は仕事が捗ることを意味するが、ビジネスでは「進捗はいかがですか」のように作業や計画の進行具合を確認する際に用いられる。

使い方 【気をつけよう】**「進捗状況をお伺いできれば」というメールが来た場合、相手が本当に知りたいのは「現在の進み具合」ではなく「いつ完成するか」である。**

シンポジウム

耳にする頻度 ★★★

意味 ある問題について複数の専門家が意見を述べ、そのあとに聴衆からの質問に答えるという形の討論会。

使い方 【こぼれ話】**聴衆から実り多い質問がくればいいが、質問のフリをした自分語りや関係ない持論の展開だったりする場合も多い。司会者の力量が問われる状況である。**

芯を食う

耳にする頻度 ★★☆

意味 物事の核心を突いたり、狙い通りのリアクションが得られた場合などに用いられる表現。

使い方 **使用例「どうしたらもっと芯を食った議論ができるか、みんなで考えてみてくれ」**
――この提案自体が芯を食っていない。

「す」から始まる用語

スイッチングコスト

耳にする頻度 ★★☆

意味 現在使用しているサービスや製品を別の物に換える際に発生するコストのこと。金銭だけでなく、物理的・心理的なコストも含まれる。

使い方 【応用】**「離婚となると、スイッチングコストがかかるからなあ」と、離婚の話題に使うこともできる。あえてビジネス用語を使うことで深刻さを軽減している。**

数字を丸める

耳にする頻度 ★★☆

意味 四捨五入する、または小数点以下を切り捨てすること。見積もりの場合、数字を丸めることで値引きをしたりする。

使い方 **使用例「えーっと、ひとり3120円か。じゃあ、数字を丸めてひとり3000円でいいよ」──居酒屋の会計時に。負担以上に大きな顔ができる。**

スキーム

耳にする頻度 ★★★

意味 「枠組みを伴った計画」「計画を伴う枠組み」のこと。「事業スキーム」「認証スキーム」「課金スキーム」のような形で用いられる。

使い方 【気をつけよう】**じつは英語では「たくらみ」「陰謀」という悪い意味も持つ。海外の会社とのやり取りで「スキームを練ってみた」などと言うと誤解を招きかねない。**

スキル

耳にする頻度 ★★★

意味 ある物事を行うために必要な技能のこと。たとえば「ビジネススキル」なら、仕事を遂行する上で習得しておくべき技術や能力のことを指す。

使い方 **使用例「キミはまだ何のスキルもないんだから、雑用を頼まれるのは仕方ないよ」――当然のことだが、理解できていない若手も多い。**

スクリーニング

耳にする頻度 ★★☆

意味 条件に合うものをふるいにかけて選別すること。たとえば、入社試験は希望者の中から会社に最適な人材を選別するスクリーニングといえる。

使い方 **使用例「ユーザーアンケートの中から、使えそうな意見だけスクリーニングしておいて」――「選んで」より、張り切ってやってくれるかも。**

スケール

耳にする頻度 ★★☆

意味 「拡大する、縮小する」という意味。事業などが拡大する場合を「スケールする」、逆に縮小する場合を「スケールしない」という。

使い方 【ほかの意味】**日常会話では「スケールが大きい（小さい）」など、感覚的な規模や大きさのことを言う。上の使い方をすると、いけ好かないヤツと思われるかも。**

スコープ

耳にする頻度 ★☆☆

意味 ビジネス上のプロジェクトにおける作業や活動の範囲のこと。または、プログラミングにおけるプログラムが作業する範囲のことを指す。

使い方 【勘違い注意】**ライフルの照準器のことではない。長いケーブルがついていて狭いところを見ることができる「ファイバースコープ」も、まったく関係ない。**

ステークホルダー

耳にする頻度 ★★★

意味 利害関係者のこと。企業でいえば、株主、経営者、社員、顧客、取引先などがステークホルダーに当たる。

使い方 **使用例「ステークホルダーすべての利害を一致させるのは、もともと不可能なんだから」——当たり前のことを言って、議論を打ち切る。**

ストアコンパリゾン

耳にする頻度 ★☆☆

意味 競合店調査のこと。業績の良い他店舗などを調査し、その良い点を自分の店舗に取り入れることで、業績のアップを図ることが目的。

使い方 **使用例「ストアコンパリゾンっていうのは、単なるマネじゃなくて、良いところを学ぶことなんだ」**
——ムキになればなるほど後ろめたさがにじみ出てしまう。

ストラテジー

耳にする頻度 ★★★

意味 「戦略」という意味。もとは軍事用語だったが、ビジネスでも「経営ストラテジー」「販売ストラテジー」といった形で用いられる。

使い方 **【応用】「セグメンテーション・ストラテジー」は、メインの顧客層にターゲットを絞り込んで、そこに向けたマーケティングに力を入れる戦略のこと。**

スノッブ

耳にする頻度 ★★☆

意味 通ぶったり、知識や教養をひけらかす見栄っ張りのこと。また、あるモノが流行しすぎた結果、需要が減ることを「スノッブ効果」と呼ぶ。

使い方 **使用例「なにか『このワインは偽物だ』だよ。あいつのそういうスノッブなところが嫌なんだよね」**
——ウンチク野郎や理屈屋を批判したいときに。

寸志（すんし）

耳にする頻度 ★★★

意味 お礼や感謝の気持ちを表す、少しばかりの金銭や品物のこと。ビジネスの場面では、目上の人から目下の人に対して渡す心付けを意味する。

使い方 【気をつけよう】**渡す側が絶対にやってはいけないのは、偉そうな態度を取ること。こっちが立場が上だからこそ、低姿勢に出たほうが寸志の値打ちが上がる。**

「せ」から始まる用語

セクショナリズム

耳にする頻度 ★★☆

意味 組織や集団内部の各部署が互いに協力せず、自分たちの利害や立場にこだわって他を排斥する傾向のこと。いわゆる「なわばり争い」。

使い方 **使用例「セクショナリズムよりも会社全体の利益を考えましょうよ」**
――こう言われても、素直に態度を変える人は少ない。

セクハラ

耳にする頻度 ★★★

意味 「セクシャルハラスメント」の略。性的嫌がらせのことを指す。直接的な接触以外に、性的な言動なども対象となる。

使い方 【気をつけよう】**微妙な発言をしたあとに、「これってセクハラになっちゃうかな」と相手の反応をうかがうのは、それ自体がセクハラであり、女性にさらに嫌われる態度。**

セグメンテーション

耳にする頻度 ★★☆

意味 マーケティング手法のひとつで、市場にいる不特定多数の人々を同質のニーズを持ったグループごとに分類すること。

使い方 **使用例「なるほどね。この商品がターゲットとする層に関するセグメンテーションはどうなってる?」**
──「どういう人が買いそう?」を難しく言っているだけ。

ゼネラリスト

耳にする頻度 ★★★

意味 幅広い分野で平均以上の能力を持つ人のこと。チームをまとめる管理職などに向いているとされる。

使い方 【類語】**専門職や専門家という意味の「スペシャリスト」は、意味は対照的だがセットで使われがち。どちらのタイプも、お互いに隣りの芝生は青く見える。**

セル生産方式

耳にする頻度 ★★☆

意味 ひとりまたは少数の作業員で、部品の取り付けから組み立て、加工、検査までを担当する生産方式のこと。「セル」とは小部屋の意味。

使い方 **使用例「ライン生産方式は少品種多量生産に、セル生産方式は多品種少量生産に向いている」**
──「セル」のほうが、作る人はやりがいがある。

セレンディピティ

耳にする頻度 ★★★

意味 偶然の発見やひらめきのこと。社会に大きな変化をもたらすイノベーションを起こすには、このセレンディピティの存在が重要とされる。

使い方 【こぼれ話】**英国の作家ホレス・ウォルポール(1717~1797)の造語。おとぎ話The Three Princes of Serendipの主人公たちが、この能力を持っていた。**

ゼロサム

耳にする頻度 ★★★

意味 合計するとプラスマイナスがゼロになること。一方の利益が他方の損失となり、全体で見ると合計がゼロになること。

使い方 **使用例「FXなんて手を出すもんじゃないよ。結局はゼロサム（ゼロサムゲーム）なんだから」**
――誰もが自分だけは儲けられると思っている。

ゼロベース

耳にする頻度 ★★★

意味 物事をいったん白紙の状態に戻して、ゼロから検討し直すこと。現在の常識や考え方を捨て、新たな問題解決やアイデアを生み出すこと。拡大することが期待できないような状況を指す。

使い方 **使用例「もう一度、ゼロベースで考えてみよう」**
――話がこじれたり迷走したりして、明らかにゼロに戻したほうがいいケースでも、そう決断するのは難しい。

全とっかえ

耳にする頻度 ★★☆

意味 既存のシステムや計画、メンバーなどをすべて入れ替えること。問題解決を図るための最終手段のひとつ。

使い方 【気をつけよう】**いざこれをやろうとしても、雑音や雑念が入って、中途半端な「とっかえ」になることが多い。やるなら「全」じゃないと、むしろ事態は悪化する。**

「そ」から始まる用語

ゾーニング

耳にする頻度 ★★☆

意味 ある目的を持って空間を区分けすること。オフィスでの机の配置や、店舗における売り場の区分けなど。

使い方 **使用例「へえー、なかなか面白いゾーニングだね」**
――新しくできた店やショッピングモールを訪れたときには、とりあえずこう呟くともっともらしい。

そもそも論

耳にする頻度 ★★★

意味 物事をその前提や原点に立ち返って論じること。「今更それを言ってもどうしようもない」という状況になって持ちだされると迷惑なもの。

使い方 【気をつけよう】**議論が混乱したときには、「そもそも論だけど」と前置きして、そもそもの目的や方向性を明確にしたい。ただし、的を外すと白い目で見られる。**

ソリューション

耳にする頻度 ★★★

意味 問題解決という意味。たとえば「ビジネスソリューション」は業務上の課題を解決するための方法や手段のことを指す。

使い方 **使用例「日々の業務でお困りのことについて、当社が必ず最適なソリューションをご用意いたします」**
――そんなことが本当に可能なら、誰も苦労しない。

今さら聞けない略語・略称③

COLUMN③

FYI

読み エフワイアイ（フワイ）

語源 For Your Informationの略語（頭字語）

主に英文のビジネスメールで、「ご参考までに」という意味で使われる略語。相手に役立つと思われる情報やちょっとしたインフォメーションを最後に付け加える時に使うほか、「時間があったら読んでおいてください」といったニュアンスを伝えるために件名に入れることも多い。

GAFA

読み ガーファ

語源 Google、Amazon、Facebook,、Appleの略語（頭字語）

コンピュータとソフトウエア、スマートフォンとアプリを活用してネットにおける支配的な力をもったアメリカのIT企業、Google、Amazon、Facebook,、Appleの4社の頭文字をとって名づけられた。ビッグテックとも呼ばれる。

IP電話

読み アイピーでんわ

語源 Internet Protocol電話の略語（頭字語）

インターネットに接続して音声を届けるVoIP（Voice over Internet Protocol）技術を利用する電話サービスの総称。Internet Protocolとはインターネットにおける主要な通信規約のこと。音声をデジタル化し、インターネットを利用して相手に送り、音声に復元することで通話することができる。

JIT

読み ジット

語源 Just In Timeの略語（頭字語）

語源となっている「Just In Time」とはギリギリ間に合うという意味で、在庫をできるだけ持たずに「必要なものを」「必要な時に」「必要なだけ」生産することで、無駄や無理をなくす生産管理システムのこと。トヨタ自動車が開発、実施している生産管理システムで「かんばん方式」とも呼ばれる。

た

「た」から始まる用語 …………………… 78
「ち」から始まる用語 …………………… 81
「つ」から始まる用語 …………………… 83
「て」から始まる用語 …………………… 83
「と」から始まる用語 …………………… 88

特集
今さら聞けない
「最高○○責任者」のすべて
「CxO」の意味と職位 ………………… 90

たから始まる用語

ターゲティング

耳にする頻度 ★★★

意味 顧客の属性や趣味嗜好によって市場を細分化した後、自社の製品やサービスが対象とする標的市場を選ぶこと。

使い方 **使用例「現在、ターゲティングを進めております」**
――たいして進捗していなくても、こう言っておくと進んでいるように思われる。

ターム

耳にする頻度 ★★☆

意味 期間や期限のこと。ショートターム＝短期、ミドルターム＝中期、ロングターム＝長期といった使われ方が多い。用語という意味もあり、スペシャル・タームは業界内で使う専門用語のことを指す。

使い方 【類語】**「スパン」も期間や期限を意味する言葉。こちらは「半年のスパンで進める」など「持続時間全体」を意味したり、距離を示したりするときに使われる。**

タイト

耳にする頻度 ★★★

意味 時間的、金銭的な余裕がない状態のこと。または、需要に対して供給に余裕がなくなり、品薄状態になっていること。

使い方 **使用例「明後日までっていうのは、さすがにタイトだなあ」「予算がタイトで、これ以上は出せなくて……」**
――「厳しい」と言うよりも角が立たない。

ダイバーシティ

耳にする頻度 ★★☆

意味　人種・国籍・性別・年齢といった様々な違いを受け入れ、組織の多様性を高めること。

使い方　**使用例「わが社もダイバーシティを取り入れようと思う」**
――ビジネスで多様性を高めると良いことが起こると思うのは幻想で、通常は多様性を高めると居心地は悪くなることにほとんどの人は気づかない。

タスク

耳にする頻度 ★★☆

意味　遂行すべき課せられた仕事や課題のこと。コンピュータ用語では、コンピュータが処理する作業の一単位を表す。

使い方　**使用例「ゴメン、今日はタスクが溜まっててさ」**
――お酒の誘いを断わるときに。さも重要な仕事をしているように聞こえるし、自分もそういう気になれる。

タスクフォース

耳にする頻度 ★★☆

意味　特定の課題に取り組むために、一時的に設置される特別な組織のこと。緊急性の高い課題の解決にあたることが多い。

使い方　【こぼれ話】**もともとは軍事用語で「機動部隊」「任務部隊」のこと。「特別チーム」「臨時チーム」と呼んでも差支えないが、カッコよさは薄れる。**

たたき台

耳にする頻度 ★★★

意味　議論、検討を重ねることを前提に、アイデアや企画内容などをおおまかにまとめた試案のこと。

使い方　【気をつけよう】**上司が「あくまでたたき台だけど」と言いながら案を出してきたときは、内心「どうだ、これで決まりだろ」と思っていることが少なくない。**

立ち上げる

耳にする頻度 ★★★

意味
企業や組織、企画などを新しく始めること。またはコンピュータなどの電子機器類を起動させること。

使い方
使用例「さっそく各部署からメンバーを選んで、プロジェクトチームを立ち上げよう」——立ち上げただけで満足してしまうケースも多い。

タマ

耳にする頻度 ★★☆

意味
現金や資金のこと。または、企画やアイデア、商品、サービス、話のネタなどのこと。

使い方
使用例「最近どう？　なんかいいタマないの？」——酒の席で話題がなくなったときに。こうやって人に振るタイプが、自分で「いいタマ」を出すことはない。

ダンピング

耳にする頻度 ★★☆

意味
市場競争を阻害するほど、採算を無視して安売りすること。特に国際貿易で輸出価格を国内価格よりも不当に安くしていること。

使い方
【間違った使い方】**「最近の外食チェーンはダンピングが激しい」といった言い方があるが、おそらく採算は取れているので、それは単に「安売り競争」である。**

「ち」から始まる用語

ちから仕事

耳にする頻度 ★★☆

意味　特に体力や強い力を必要とする仕事のこと。肉体労働。先行き不安で困難が予想される状況で無理に実行する際にも使う。

使い方　【応用】**肉体的な力を使う場面だけでなく、「あの会社との交渉は力仕事になりそうだな」など、精神的に「たいへんな仕事」という意味で使われることもある。**

ちからわざ

耳にする頻度 ★★★

意味　強い力を頼みにするわざの意から転じて、労働力や資金力を頼りにして強引に問題を解決する手法のこと。

使い方　【勘違い注意】**すぐに「ちからわざ」を使いたがる人は、本人は「自分は仕事ができる」と認識しているが、実際はそうでもないし人望や信頼は皆無であることが多い。**

知的生産性

耳にする頻度 ★☆☆

意味　オフィスにおいて、事業を推進するために必要な成果物（知的成果物）を生み出す効率のこと。

使い方　**使用例「机にかじりついていれば知的生産性が上がるってものでもないし、ま、お茶でも飲みに行くか」**
――多くの場合は、サボりたい言い訳に過ぎない。

チャネル

耳にする頻度 ★★★

意味　製品が生産者から流通業者を経て、消費者に到達するまでにたどる伝達経路のこと。または、「つて」や「こね」のこと。

使い方　**使用例「あの会社の重役連中とは、長い時間をかけてチャネルを作ってきましたから」――「つて」や「こね」と言うより生臭くない。**

チュートリアル

耳にする頻度 ★★★

意味　ソフトウェアやアプリケーション、Webサイトなどで、基本的な操作を学べるように作られている入門部分のこと。

使い方　【こぼれ話】**同じ名前の人気お笑いコンビがいるが、そちらの由来は、メンバーのふたりが通っていた河合塾で週1回行われるホームルーム的な時間からと言われている。**

直行直帰

耳にする頻度 ★★★

意味　勤務先に立ち寄らずに自宅から直接仕事先へ出向き（直行）、勤務先に戻らずに帰宅（直帰）すること。

使い方　**使用例「今日はA社に寄ったあと直帰します」**
――たいしたことではないし、そのほうが合理的なことが多いが、どこか背徳の香りが漂う行為である。

「つ」から始まる用語

通年採用

耳にする頻度 ★★☆

意味 企業が必要に応じて、新卒・中途を問わず、年間を通して自由に採用活動を行うこと。

使い方 【気をつけよう】**これを行なっているからといって、自由な気風の会社とは限らない。定着率が悪くて常に人手が不足しているブラックな会社という可能性もある。**

「て」から始まる用語

定時

耳にする頻度 ★★★

意味 就業規則に定められた始業時刻から終業時刻までの所定就業時間または終業時刻のこと。

使い方 **使用例「今日は定時で帰らせていただきます」**
――かつては「非常識」なセリフであり行動だったが、昨今、多くの会社では白眼視する雰囲気は薄れている。

ディーラー

耳にする頻度 ★★★

意味 販売業者、メーカー特約販売店のこと。特に自動車メーカーが認定した特約販売店を指すことが多い。証券会社や金融会社の販売員を指すこともある。

使い方 【気をつけよう】**勤め先を聞いて「あの○○自動車にお勤めなんですね。すごーい！あっ、なんだディーラーさんですか」という反応は、間違ってもしてはいけない。**

ディシジョン

耳にする頻度 ★★☆

意味 意思決定や決断のこと。一般的に重要な事項や案件に対して意思決定を行う際に使われる。

使い方 **使用例「この件にどう対処するかについては、早急なディシジョンが求められるかと」**
――「さっさと決めろ」と強めに迫ることができる。

ディスクロージャー

耳にする頻度 ★★☆

意味 企業が経営内容などの情報を開示すること。任意のものと金融商品取引法や会社法で義務付けられているものがある。

使い方 **使用例「彼女ができたそうじゃないか。詳しくディスクロージャーしてみろよ」**
――何となく開示義務があるように聞こえる……かも。

データ・マイニング

耳にする頻度 ★★☆

意味 企業が蓄積している大量のデータ（ビッグデータ、110ページ）を分析し、相関関係や因果関係といった有益な情報、知識を発掘（マイニング）すること。

使い方 **使用例「ほら、コンピュータの言うことより、経験からのデータ・マイニングのほうが頼りになるんだよ」**
――いつかは言ってみたいセリフのひとつ。

テクスチャー

耳にする頻度 ★★☆

意味 触感や食感、質感といった様々なものの感触のこと。あるいは素材を模した画像、素材感が出ている画像のこと。

使い方 **使用例「へー、高級感があるテクスチャーですね」**
――家具や洋服、あるいは電子機器など、どうホメていいかわからないときに使える便利なフレーズ。

デッドライン

耳にする頻度 ★★★

意味 原稿の締め切りや製品の納期など、越えてはならない最終期限のこと。または、能力や容量の限界のこと。

使い方 【気をつけよう】**ちょっと早めにこう言って脅すのが、正しい使い方。本当のデッドラインを目前にしてから繰り出すのは、あまりにもリスキーかつ迂闊である。**

てっぺん

耳にする頻度 ★☆☆

意味 深夜0時のこと。アナログ時計が深夜0時に長針・短針ともに一番上を指すことから生まれた言葉。

使い方 **使用例「すいません、てっぺん越えてしまいそうです」**
――原稿が遅れているときに。てっぺんを越えた直後に完成するわけではなく、朝方までかかる場合が多い。

手取り

耳にする頻度 ★★★

意味 額面給与から所得税や住民税、社会保険料などが差し引かれた結果、実際に給料として受け取れる金額のこと。

使い方 【気をつけよう】**求人広告などを見て、額面の多さに釣られて会社を選ぶのは危険。そこから謎の費用がたくさん引かれて、むしろ手取りが少ないケースはよくある。**

あ行 か行 さ行 た行 な行 は行 ま行 や行 ら行 わ行

デファクトスタンダード

耳にする頻度 ★★☆

意味 標準化機関等が定めた規格ではなく、市場に広く普及することによって事実上標準化した規格や基準のこと。

使い方 【具体的な例】**スマホのコミュニケーションアプリとしての「LINE」、映像を保存するメディアとしての「DVD（Blu-ray）」、端子の規格としての「USB」など。**

デフォ（ルト）

耳にする頻度 ★★★

意味 一般的には「定番」「標準」の意。金融では「債務不履行」、コンピュータでは「初期設定値」「標準値」を指す。

使い方 **使用例「あの課長は、怒ってるみたいな口調がデフォルトだから、ぜんぜん気にしなくていいよ」**
——時に「平常運転」という意味でも使われる。

デベロップメント

耳にする頻度 ★★☆

意味 すでにあるものより、優れたものを作ること。あるいは土地や住宅の造成、開発、ソフトウェアの開発、制作のこと。

使い方 【応用】**デベロップメントを実行にうつす企業や人のことを「デベロッパー」と呼ぶ。とくに、土地の造成や街の開発を手がける不動産会社を指すことが多い。**

手弁当

耳にする頻度 ★★☆

意味 自分の弁当を持っていくこと。転じて、費用などを自分で負担して奉仕的に働くこと。

使い方 【勘違い注意】**相手が「手弁当でも喜んで」と言ったとしても、本当に無料奉仕でやる心づもりとは限らない。じつは報酬などの見返りを期待していることもある。**

テレコ

耳にする頻度 ★★☆

意味 互い違いにすること、入れ違いになること、あべこべになっていること。主に近畿地方で使われることが多い。

使い方 【勘違い注意】**「テープレコーダー」の略だと思ってしまうと、たとえば上司から「この書類、テレコになってるよ」と注意されたときに、ポカンとすることになる。**

テンパー

耳にする頻度 ★★★

意味 10%のこと。10を英語読みした「テン」にパーセントを省略した「パー」をつけている。

使い方 **使用例「消費税がテンパーつくから○○円だね」**
――2019年10月の消費増税以降、たぶん使われる頻度が上がっている。「天然パーマ」という意味も。

テンパる

耳にする頻度 ★★★

意味 焦りや不安のために気持ちに余裕がなくなること。期限や作業量などが限界に達して切羽詰まっていること。

使い方 【気をつけよう】**テンパっている自分に酔うのが好きな人は少なくないが、簡単にテンパらないのが「できるビジネスマン」や「一人前の大人」の必須条件である。**

「と」から始まる用語

動線

耳にする頻度 ★★☆

意味 建物の中や周辺において人やものなどが移動する時に通ると思われる軌跡や方向を線で表したもの。

使い方 **使用例「キッチンまわりや洗面所への動線が、すごくスムーズだね」**
――友人や同僚の新しい部屋（家）をホメるときに。

特化

耳にする頻度 ★★★

意味 ある特定の分野に重点を置き、業務内容を限定し専門化すること。ある特定の目的や条件に適用できるようにすること。

使い方 **使用例「このカップはコーヒーに特化させるつもりで買ったから、紅茶には合わないんだよね」**
――どうでもいいこだわりを主張してみるのも一興。

トップダウン

耳にする頻度 ★★★

意味 組織運営において、上層部が意思決定を行い下部組織に指示すること。日本語では「上意下達」。対義語は「ボトムアップ（123ページ）」。

使い方 **使用例「ウチの会社はトップダウンだからな……」**
――能力もカリスマ性もないトップがこれをやると、社員が見る見るヤル気をなくして、たちまち会社が傾く。

飛び込み

耳にする頻度 ★★★

意味 新規顧客にアポイントメントを取らずに訪問し、製品やサービスなどを売り込む「飛び込み営業」の省略形。

使い方 【勘違い注意】**上司に「お前、今月はまだ契約ゼロじゃないか。飛び込みでも何でもやってこい！」と言われたからといって、道頓堀などに飛び込んではいけない。**

飛ぶ

耳にする頻度 ★★☆

意味 会社が倒産すること。労働者が突然出勤しなくなること。予定や注文などが急に取り消されること。

使い方 **使用例「あの会社、何度電話かけても誰も出ないぞ。飛んだんじゃないだろうな」
──すぐに確かめに行ったほうがよさそうである。**

ドラスティック

耳にする頻度 ★★☆

意味 「思い切った」「抜本的な」「急激な」「過激な」といった意味で、現状を根底から覆すような変化を表す際に使われる。

使い方 **使用例「我々としては、業界のドラスティックな変化に素早く対応していかなければいけないんだ」
──言葉を使うのは簡単だが、対応できる人は少ない。**

トレード・オフ

耳にする頻度 ★★☆

意味 何かを達成するために一方を追求すると他方を犠牲にせざるを得ないという両立し得ない関係のこと。

使い方 **使用例「出世も大事だけど、家族の幸せとトレード・オフにするわけにはいかないしなあ」
──両立できる道を探りたいが、そう簡単ではない。**

「CxO」の意味と職位

業務の執行責任者が誰なのかを明確にするCxO

近年、よく見かけるようになったCEOやCOOなどの「CxO」という肩書き。漠然と会社経営陣の偉い人というのは理解していても、実際それがどういった立場の人なのかわからないという方も多いのではないだろうか？　たとえば、CEOはChief（責任者）、Executive（執行部の）、Officer（執行役）の頭文字を取った略語で、日本語に訳すと最高経営責任者となる。COOであれば、真ん中のOはOperating（経営上の）を表すので最高執行責任者というわけだ。つまりCxOという肩書きで重要なのは、CとOの間のxに入る業務や機能を表す単語で、ここが理解できればどんな職位、立場の人かが理解できる。とはいえ、通常は頭文字１字に省略されてしまうためわかりにくい。そこで、現在、使われている主要なCxOの一覧を92ページに掲載しているので、参考にして欲しい。

CxO＝Chief x Officerの略語

Chief（責任者）＋x（業務・機能）＋Officer（執行役）

CEOがトップ、COOがその下というのが一般的

CxOの会社での序列だが、海外ではCEOがトップ、続いてCOO、CFOというのが一般的で、日本企業でもこれに従っているところが多い。ただし、明確な規則があるわけではなく、会社が自由に決めるものなので、結局のところ誰が偉いかは会社によって異なると覚えておこう。ただし、最近増えている、代表取締役会長兼CEO・代表取締役社長兼COO・常務取締役兼CFOといった日本で使われてきた肩書きも併記されている場合は、だいぶわかりやすい。代表取締役は、会社法で定められている株式会社を代表する権限を持つ取締役なので、会社のトップと認識して間違いない。代表のつかない取締役はその下だ。会長や社長、常務といった肩書きは従来の序列で考えれば問題ないので、日本語の肩書きもある場合はそちらを重視するとわかりやすいだろう。

株式会社の場合、会社の重要事項や方針を決定する取締役は株主総会で選任され、取締役の互選で代表取締役が選ばれる。法律上、代表取締役が会社の最高責任者となっており、会長や社長、CEOを務めることが多いが、当てはまらない会社もある。

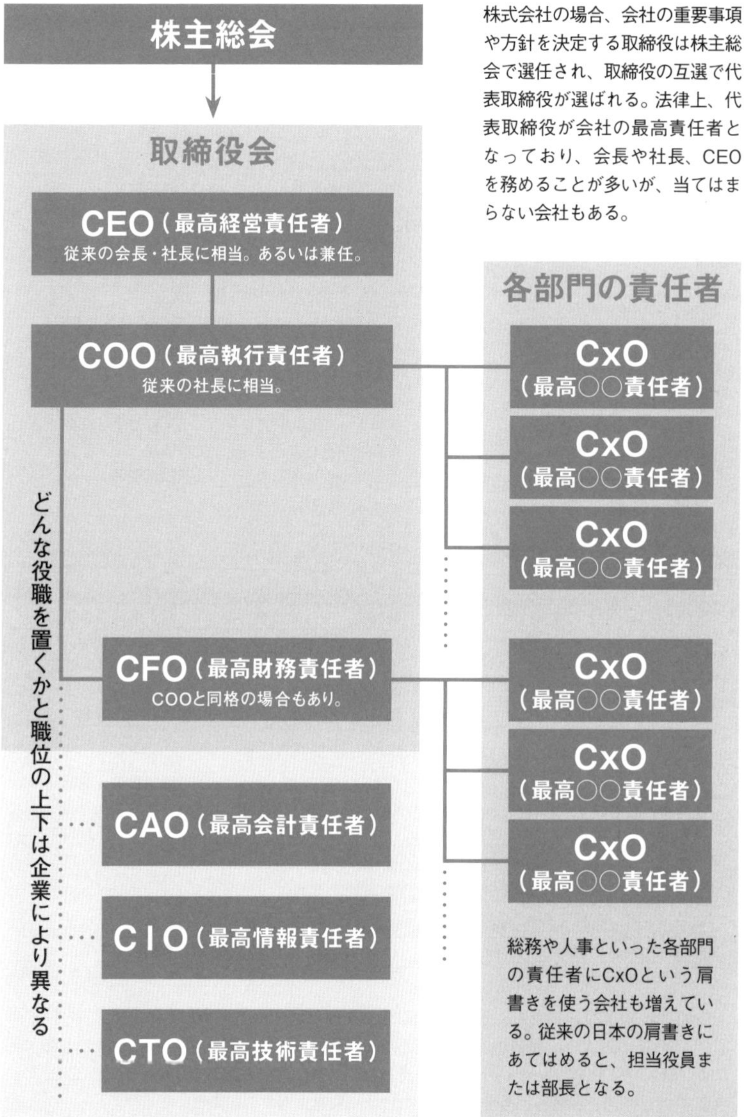

▼役職名略称一覧▼

略称	語源	日本語の役職名	担当
CAO	Chief Accounting Officer	最高会計責任者	財務・経理
CAO	Chief Administrative Officer	最高総務責任者	総務全般
CBO	Chief Branding Officer	最高ブランド開発責任者	ブランディング
CBO	Chief Business Officer	最高業務責任者	業務・営業
CCO	Chief Communication Officer	最高コミュニケーション責任者	広報
CCO	Chief Compliance Officer	最高遵法責任者	法務・遵法
CDO	Chief Development Officer	最高開発責任者	製品開発
CEO	Chief Executive Officer	最高経営責任者	経営戦略・意思決定
CFO	Chief Financial Officer	最高財務責任者	財務・経理
CHO	Chief Human Resource Officer	最高人事責任者	人事・人材育成・ 労務管理
CIO	Chief Information Officer	最高情報責任者	情報システム・IT戦略
CISO	Chief Information Security Officer	最高情報セキュリティ責任者	情報セキュリティ
CIO	Chief Investment Officer	最高投資責任者	資産運用
CJO	Chief Judicial Officer	最高法務責任者	法務
CKO	Chief Knowledge Officer	最高知識責任者	知識管理・知財管理
CLO	Chief Learning Officer	最高人材・組織開発責任者	人材育成・組織開発
CLO	Chief Legal Officer	最高法務責任者	法務
CLO	Chief Logistics Officer	最高物流担当責任者	物流戦略
CMO	Chief Marketing Officer	最高マーケティング責任者	マーケティング・ 広報・宣伝
CNO	Chief Network Officer	最高ネットワーク責任者	ビジネスネットワーク
COO	Chief Operating Officer	最高執行責任者	事業の統括・推進
CPO	Chief People Officer	最高人材活用責任者	人事・人材活用
CPO	Chief Privacy Officer	最高個人情報保護責任者	個人情報の保護管理
CPO	Chief Production Officer	最高生産管理責任者	製品工程管理
CPO	Chief Project Officer	最高計画責任者	戦略立案・人材配置
CQO	Chief Quality Officer	最高品質責任者	品質管理
CRO	Chief Revenue Officer	最高売上責任者	収益構造管理
CRO	Chief Risk Officer	最高リスク管理責任者	リスク全般の管理・ 報告
CSO	Chief Safety Officer	最高安全責任者	職場の安全管理
CSO	Chief Security Officer	最高セキュリティ責任者	情報セキュリティ対策
CSRO	Chief Social Responsibility Officer	最高社会的責任担当者	CSR活動、社会貢献
CSO	Chief Storage Officer	最高記憶媒体管理責任者	データの保管・ 管理・保守
CSO	Chief Strategy Officer	最高戦略責任者	戦略立案
CTO	Chief Technology Officer	最高技術責任者	技術面の管理
CUO	Chief Underwriting Officer	最高契約査定責任者	契約内容の査定
CVO	Chief Visionary Officer	最高事業計画責任者	ビジョンや理念の浸透

CxOは年々増加しており、現在では50近くが使われているともいわれ乱立気味だ。CLOやCPOのように職責の異なる複数の役職が同じ略称で表記されているものもあり、難解さに拍車をかけている。広く使われているCEO、COO、CFO、CAO、CIO、CTOの日本語の役職名と担当を覚えておけば、実務上困ることはないだろう。

な行

「な」から始まる用語 …………………… 94
「に」から始まる用語 …………………… 96
「ね」から始まる用語 …………………… 98
「の」から始まる用語 …………………… 99

な から始まる用語

内勤

耳にする頻度 ★★★

意味 デスクワークなどの社内で行う仕事、またはそれらの業務を行う人のこと。反対に集金や配達など社外で行う仕事は「外勤」と呼ばれる。

使い方 **使用例「春から内勤になったのはいいんだけど、肩こりがひどくなっちゃってさ」**
――楽な仕事と見られがちなので、折を見て嘆いておきたい。

泣く

耳にする頻度 ★★★

意味 物事を諦めること、妥協すること。「泣く泣く、提案を取り下げる」といったような形で用いる。

使い方 【応用】**「端数は泣かせていただきます」など、値切りなど相手の（ちょっと無茶な）要求を受け入れるときに使うと、恨みがましさをにじませることができる。**

投げる

耳にする頻度 ★★★

意味 業務を他の人に依頼したり、メールを送信したりすること。「業務の一部を外注先に投げる」「見積もりをメールで投げる」のように用いる。

使い方 **使用例「例の件、投げっぱなしですいません」**
――しっかり依頼したはずなのに、いっこうに何の報告もない相手に対して、こう言いつつ進捗を尋ねる。

なるはや

耳にする頻度 ★★★

意味
「なるべくはやく」の略。仕事を依頼する際に「なるはやでお願い」のように用いる。ヨコ文字で言うと「ASAP（アサップ）」。

使い方
【気をつけよう】**言うほうは気軽に使っているかもしれないが、言われたほうはどのぐらい急ぐ必要があるのか判断に困る。なるべく具体的な日時を伝えたほうがいい。**

ナレッジ

耳にする頻度 ★★☆

意味
ビジネスを行う中で蓄積された有益な知識や情報のこと。個々の持つナレッジを全体で共有することで、仕事の効率化を図ることができる。

使い方
【応用】**ナレッジを全体で管理し、活用する仕組みを「ナレッジマネジメント」と言う。ナレッジの綴りは「knowledge」なので、略称は「NM」ではなく「KM」。**

ナレッジワーカー

耳にする頻度 ★★☆

意味
専門的な知識を活かし、企業への新たな付加価値を生み出す労働者のこと。代表的な業種として、コンサルタント業が挙げられる。

使い方
【気をつけよう】**実際に豊富な知識や有益な情報を持っているいないに関わらず、ハクを付けるために自分をこう表現しているケースも少なくない。**

「に」から始まる用語

ニアリーイコール

耳にする頻度 ★★☆

意味 「ほぼ等しい」という意味。「機能的にはどちらもニアリーイコールです」といった場合、両方ともほぼ同じ機能との意味になる。

使い方 **【気をつけよう】「ほとんど同じ」より「ニアリーイコール」のほうが、違う部分の比重が大きめでも許される気がするが、そこに甘えて乱用すると信用をなくす。**

ニーズ

耳にする頻度 ★★★

意味 企業や人々が不足していると感じている状態のこと。不足状態を意識していない場合もあり潜在的ニーズという。企業はニーズをウォンツにしてビジネスにつなげる。

使い方 **使用例「ニーズは見つけるものじゃない。ないところに作り出すものだ！」**
――たしかにそうとも言えるが、限度はある。

二次クレーム

耳にする頻度 ★★☆

意味 クレームが起きた際に、適切な対応をとらなかったことで発生する新たなクレームのこと。

使い方 **使用例「クレームの対応をした課長の態度が相手の逆鱗に触れたみたいで、二次クレームになっちゃってさ」**
――そもそものクレームよりも厄介な事態になりがち。

ニッチ

耳にする頻度 ★★★

意味 潜在的な需要がありながら、参入していない隙間のこと。このような隙間市場向けビジネスをニッチ産業と呼ぶ。大勢の人が見過ごすような事柄をニッチと呼ぶこともある。

使い方 **使用例「タコわさびか、ニッチなところ攻めるねー」**
――同僚や友人が居酒屋で渋いメニューを頼んだときに。くだらない使い方だが、言われて悪い気はしない。

二八（にっぱち）

耳にする頻度 ★★☆

意味 正月などで出費がかさんだあとの2月と、旅行や帰省でお店に行く機会の減る8月は売上が落ちるという言い伝えを指した用語。

使い方 **使用例「先月はずいぶん売り上げが下がっちゃったなあ。まあ、二八だからしょうがないか」**
――言い訳や自分を慰める場面で使われることも多い。

煮詰める

耳にする頻度 ★★★

意味 十分に検討をして、結論が出せる状態になること。「議論が煮詰まる」「アイデアを煮詰める」といった形で用いる。

使い方 **使用例「企画書を煮詰める時間が少ない」**
――本当のことであっても、会議で言うと良い印象を持たれないので注意。

二の矢

耳にする頻度 ★★★

意味 最初の手段に続けて打つ、次の手段のこと。「二の矢、三の矢を用意する」なら第2、第3の手段を用意しておくという意味になる。

使い方 **使用例「二の矢、三の矢も用意しているんだろうな」**
――上司にこう言われて「いえ、とくに用意していません」という答えは許されない。

人月（にんげつ）

耳にする頻度 ★★☆

意味 ひとりが1ヵ月で行うことができる作業量の単位。人件費の見積もりなどに使われ、ひとりが1ヵ月で行う仕事量を1人月と数える。

使い方 【類語】**ある仕事に1日を要する人員数を「人日（にんにち）」と言う。3人で2日かかるようなら「6人日」。似た意味の言葉に「人工（にんく）」がある。**

「ね」から始まる用語

ネゴ

耳にする頻度 ★★★

意味 ネゴシエーションの略。「交渉」「協議」という意味。「納期について取引先とネゴってきて」のように略して用いられる場合もある。

使い方 **使用例「担当者とのネゴが足りないんじゃないか」**
――上司がこういう場合は、そもそも無理がある要求を先方に呑ませようとしているケースが多い。

「の」から始まる用語

ノーティス

耳にする頻度 ★☆☆

意味
「通知」や「お知らせ」のこと。締め切りまでの期限が短い、急なお知らせのことを「ショートノーティス」と言ったりする。

使い方
【応用】**WEBサイトのお知らせページや掲示物に、日本語の「お知らせ」と並べて「NOTICE」と書かれていることもある。飾り以上の意味はとくにない。**

ノウハウ

耳にする頻度 ★★★

意味
実践を通して得られた、物事のやり方に関する知識や技術。「仕事のノウハウを学ぶ」のように用いる。由来はKnow-howから。

使い方
使用例「この仕事は人にノウハウを伝えるのが難しいから、自分でつかむしかないんだよね」
――単に伝える能力や意欲がないだけのこともある。

納品

耳にする頻度 ★★★

意味
商品を顧客である取引先などに納入すること。代金を先に受け取り、商品を後で配送する場合などに用いられることが多い。

使い方
【応用】**業種によっては、過去の「納品実績」を並べることで、信頼性を高めたりハクを付けたりできる。ただし、玉石混交でたくさん並べすぎると逆効果。**

ノマド

耳にする頻度 ★★★

意味
もともとは遊牧民の意味。IT機器とインターネットを駆使してオフィスのデスクだけでなく色々な場所で仕事をする事をノマド・ワーキングと呼ぶ。

使い方
【応用】このスタイルで仕事をしている人を「ノマド・ワーカー」と呼ぶ。自由そうなイメージだが、いつでもどこでも仕事から離れられないという一面も。

呑む

耳にする頻度 ★★★

意味
相手の要望を承諾すること。「相手の提示した条件を呑む」のような形で用いられる。

使い方
使用例「わかりました。長いお付き合いですし、今回に限ってはその条件を呑ませていただきます」
――内心は不満を抱いている気配を表現できる。

ノルマ

耳にする頻度 ★★★

意味
個人や組織に割り振られた、一定期間内に達成すべき仕事量や成果のこと。「営業ノルマ」など。達成することが期待される「売上目標」「業績目標」は同じ意味。

使い方
使用例「毎月のノルマがきつくてさあ」「ノルマも達成していないのに、生意気なこと言うんじゃない」
――抱えている人にとっては恐怖の3文字である。

は行

「は」から始まる用語 ……………… 102
「ひ」から始まる用語 ……………… 108
「ふ」から始まる用語 ……………… 111
「へ」から始まる用語 ……………… 120
「ほ」から始まる用語 ……………… 122

はから始まる用語

パースペクティブ

耳にする頻度 ★☆☆

意味 将来の見通し、今後の展望のこと。

使い方 【気をつけよう】**この言葉の場合、正しい文脈で使う以上に難しいのが、正確に発音すること。「パークスペティブ」「パースペスティブ」などと言いがちである。**

バーター

耳にする頻度 ★★★

意味 取引の際、金銭ではなく製品の購入やサービスの契約、労務の提供などを交換条件として交渉を進めること。もともとの意味は「物々交換」である。

使い方 **使用例「バーターと言ったら何ですけど、特売などで人手が必要な際は、どんどんおっしゃってください」**
――ちょっとぼかして言うほうが受け入れられやすい。

バイアス

耳にする頻度 ★★☆

意味 先入観や思い込みによりものの見方が偏っていること、認識が歪んでいること。あるいはデータの偏りのこと。「偏見」と言うよりも角が立たない。

使い方 【気をつけよう】**売上額や事業の展開を予想する際は、そうあってほしいというバイアスがかかって、都合のいい要素や情報だけが目に入りがちである。**

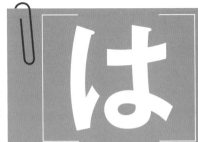

パイプ

耳にする頻度 ★★★

意味
組織とのつながりを持っていること、人脈を持っていること。

使い方
使用例「私、あの会社の社長とはパイプがあります」
――大きな声でそう言っているヤツのパイプは、おおむねアテにならない。なまじ期待すると痛い目に遭う。

爆弾

耳にする頻度 ★★☆

意味
扱いや対処を誤ると問題が発生し、大きな影響や混乱を与えるような事柄のこと。

使い方
使用例「この件は、ウチの課にとって爆弾になりかねないから、慎重に扱っていこう」
――いくら慎重に扱っても、爆発するときはする。

バジェット

耳にする頻度 ★★☆

意味
予算や経費、運営費のこと。形容詞として「低予算の、低価格の、格安の」といった意味でも使われる。

使い方
使用例「このバジェットじゃあ、さすがに厳しいよ」
――お金に関する話題は、こうしたカタカナ語を使ってなるべく遠回しに言おうとする傾向がある。

バズ・マーケティング

耳にする頻度 ★★☆

意味
戦略的に肯定的な口コミを発生させ、商品やサービスを広めていくマーケティング手法のこと。バズとは蜂の羽音のこと。

使い方
【類語】**一見、まったく逆の意味に見える「炎上マーケティング」も、とにかく話題になれば勝ちと思っているという点で、本質的に大きな違いはない。**

バズワード

耳にする頻度 ★★☆

意味 定義や意味が曖昧なまま使われている、それっぽい言葉のこと。

使い方 【具体的な例】**コンピュータ分野では「ユビキタス」「Web2.0」など。それ以外の分野では「複雑系」「マルチメディア」、そしてこの「バズワード」などがある。**

ハダカ

耳にする頻度 ★★☆

意味 むきだしの状態のこと。流通業界では「包装していない商品」を指す。

使い方 【ほかの意味】**「ハダカになって話し合おう」など、本音をさらけ出す意味で使われることも。そう言っている人ほど、ハダカどころか分厚い鎧を身に着けている。**

畑

耳にする頻度 ★★★

意味 専門とする領域や分野のこと。特にある人材が長期にわたり専門として経験を積んだ分野のことを指す。

使い方 **使用例「あの専務は営業畑だから、わかってくれるよ」**
——多くのビジネスマンは、同じ畑の人はあっさり信用し、別の畑の人には壁を作る傾向がある。

ハッピーコール

耳にする頻度 ★★☆

意味 得意先へのあいさつや顧客へのアフターフォローなど、顧客との結びつきを強めるために行う活動のこと。

使い方 【勘違い注意】**行う側の義務感や「自分はこんなにちゃんと頑張っている」という自己満足が透けて見えると、うるさい印象を与えるだけでむしろ逆効果。**

バッファ

耳にする頻度 ★★☆

意味

時間的、金銭的、人的な余裕、余力があること、あるいは持たせること。ものに対しては予備の意味となる。

使い方

使用例「ある程度の工期の遅れは大丈夫です。多少はバッファを持たせてありますから」
――こう言われて油断してしまうのは極めて危険。

パテント

耳にする頻度 ★★☆

意味

特許または特許権のこと。

使い方

使用例「あの会社は売上はたいしたことなくても、○○のパテントを持っているから安泰なんだよ」
――他社の既得権益をやっかむ場面で。

ハブ

耳にする頻度 ★★☆

意味

中心となるところ、中核となる拠点のこと。

使い方

【ほかの意味】「製造部門と営業部門のハブは○○部長だから」など、接点が薄い人同士をつなぐ役割を果たせる人物のことを言うこともある。

パラ（レル）

耳にする頻度 ★★☆

意味

ふたつ以上の複数の仕事を同時に並行して進めること。

使い方

使用例「たいへんだけど、パラでやってくれないか」
――けっこうな無理難題だとしても、言うほうは気楽なもの。しかし、言われた側は絶望的な気持ちになる。

ハラスメント

耳にする頻度 ★★★

意味
本人の意識の有無を問わず、他人に不快感を与えたり、傷つけたり、悩ませたりする言動のこと。

使い方
【間違った使い方】**抗議の意を示すには便利な言葉だが、上司の叱責を反射的に「パワハラ」呼ばわりするなど、何でもハラスメント扱いするのは一種の暴力である。**

パラダイム

耳にする頻度 ★★☆

意味
ある時代や分野において当然とされている認識や考え方、価値観のこと。

使い方
使用例「今までのパラダイムを打ち破らないと、この業界に未来はない」
――みんながこう思い始めたときは、すでに手遅れ。

パラダイムシフト

耳にする頻度 ★★☆

意味
ある時代や分野において当然とされていた認識や考え方、価値観が劇的に変化すること。

使い方
使用例「飲み会のパラダイムシフトっていうか、最近は最初からカシスソーダとか頼むヤツが多いよね」
――間違いではないが、それほどの話でもない。

バリアフリー

耳にする頻度 ★★★

意味
障害者や高齢者の日常生活や社会生活に不便な物理的、心理的障害・情報面の障壁を取り除いていくこと。

使い方
【勘違い注意】**出入口のスロープなどハード面のバリアフリーばかりが注目されがちだが、もっと大切なのは、ひとりひとりの“心のバリアフリー”である。**

バリュー

耳にする頻度 ★★★

意味
相対的な価値、値打ち、評価のこと。あるいは、お値打ち品、割安品といった意味でも使われる。

使い方
使用例「同じ機能の商品はほかにもありますが、御社のこの商品ならではのバリューはどこにありますか」
――たいていの場合、こう聞かれると言葉に詰まる。

ハレーション

耳にする頻度 ★★☆

意味
周囲に悪い影響を及ぼすこと。他人に強く影響を与えること。

使い方
【ほかの意味】**もともとはフィルムを使った写真撮影で、強い光が当たった部分の周囲が感光し、白くぼやけて写る現象のことを指す。もちろん、デジカメでは発生しない。**

ハロー効果

耳にする頻度 ★★☆

意味
物事を評価する時にある特徴が影響して全体の評価に影響すること。有名人が広告に登場するのは一種のハロー効果をねらっている。なおハローはhello（こんにちは）ではなく、halo（後光）である。

使い方
【勘違い注意】**元気よく挨拶することで、仕事はいまいちでもいい印象を持ってもらえるという効果はあるが、それはまた別の話。**

パワポ

耳にする頻度 ★★★

意味
Microsoftのプレゼンテーションソフト「PowerPoint（パワーポイント）」の略称。

使い方
【気をつけよう】**これを使って見栄えのする資料を作るのが「いい仕事をすること」で、使いこなせる自分は「仕事ができる」と勘違いしている輩は少なくない。**

パンク

耳にする頻度 ★★★

意味 本来持っている処理能力を超えたために、正常に機能しなくなること、活動が止まること。

使い方 使用例「張り切るのはいいけど、仕事を抱え過ぎてパンクしないようにしてくれよ」
──組織に対しても個人に対しても使える。

ひ から始まる用語

ヒアリング

耳にする頻度 ★★★

意味 相手の話を聞いて情報収集すること、問題解決のために状況把握をすること。いわゆる聞き取り調査。

使い方 使用例「先方にヒアリングしてみたところ、どうやら社長が難色を示しているようです」
──「こっそり聞いてみた」という意味でも使われる。

引き合い

耳にする頻度 ★★★

意味 取引依頼または取引前の問い合わせのこと。比較や参考にするために例に出すこと。仲を取り持つこと。

使い方 使用例「はい、いくつか引き合いはいただいています」
──不動産会社の営業マンがよく言うセリフ。本当に引き合いがあるかどうか、証拠を示す必要はない。

ビジネスモデル

耳にする頻度 ★★☆

意味 企業が製品やサービスなどの事業活動で収益を上げるための仕組みのこと。

使い方 **使用例「あの業界のビジネスモデルは、要は客からとことん搾り取ることだからな」**
――皮肉や批判のニュアンスを込めた使い方。

ビジネスリテラシー

耳にする頻度 ★★☆

意味 ビジネスに関しての基本知識や業務知識、能力のこと。様々なスキルが含まれる。

使い方 **【応用】営業マンにとっての図々しさや打たれ強さ、あるいは刑事にとっての疑り深さや執念深さといった"能力"も、大切な「ビジネスリテラシー」である。**

ビジョナリー

耳にする頻度 ★★☆

意味 将来の見通しに基づく先進的、独創的な考え方を持ち、それを現実化できる人のこと。

使い方 **【勘違い注意】「久しぶりだねー。あの素朴な高校生だった○○ちゃんが、すっかりきれいになって」は、ビジョナリーではなく"美女になり"である。**

火だるま

耳にする頻度 ★★☆

意味 全身に火がついて燃えあがることから転じて、困難が降りかかること、こてんぱんにやられることを表す。

使い方 **使用例「伝統ある老舗企業なのに、社長の失言がマスコミに取り上げられて火だるまになっている」**
――「いい気味だ」的なニュアンスで使われがち。

ビッグデータ

耳にする頻度 ★★★

意味
常に生成・記録されている様々な種類や形式が含まれた大容量のデータのこと。容量に明確な定義はない。

使い方
【間違った使い方】**「今期の売上、すごいですよ。ビッグデータをお見せしましょうか」など、数字が大きいデータという意味で使うとかなり恥ずかしい。**

雛形

耳にする頻度 ★★★

意味
一部を変更するだけで繰り返し使うことができる定形書類の元ファイルのこと。書類などの書式、見本。

使い方
【ほかの意味】**実物をかたどって小さく作った模型や見本。「雛」はもともとは生まれたばかりの鳥の子のこと。「雛人形」も、いわば「小さく作った模型」である。**

ヒヤリハット

耳にする頻度 ★★☆

意味
結果として事故には至らなかったものの、事故につながりかねなかった危険なミスや突発的な出来事のこと。

使い方
【気をつけよう】**「ハインリッヒの法則」では、労災事故において1件の重症事故の背景には、29件の軽症事故と300件の「ヒヤリハット」があると言われている。**

ヒューリスティック

耳にする頻度 ★★☆

意味
経験則に基づき、時間をかけずにある程度のレベルで正解に近いものを見つけける方法のこと。

使い方
使用例「どんな靴を履いてるかでそいつの懐具合を判断するのも、いわゆるヒューリスティックってヤツかな」
――確かにそうではあるが、縛られ過ぎるのも危険。

費用対効果

耳にする頻度 ★★★

意味 かけた費用に対して、どのくらい効果があるか、どれくらい成果が得られるかということ。コスパ（50ページ）と同義。

使い方 **使用例「もちろん宣伝は大切だけど、費用対効果を考えないと余計に赤字を増やすことになるからなあ」**
――「やらないほうがマシ」と言いたいときに。

ふ から始まる用語

歩合（ぶあい）

耳にする頻度 ★★★

意味 仕事量、取引高、売上高、出来高などに応じた手数料や報酬のこと。またはその割合。

使い方 **使用例「ウチは基本給は抑えめだけど、がんばればがんばった分、歩合で稼げるから」**
――たいていはその場しのぎの甘言で、現実性はない。

ファクトベース

耳にする頻度 ★★☆

意味 感情や主観ではなく、事実やデータに基づくこと。

使い方 【こぼれ話】**2019年のベストセラー『FACTFULNESS（ファクトフルネス）』（日経BP）のタイトルは、データや事実に基づいて世界を読み解く習慣という意味。**

ファシリテーター

耳にする頻度 ★★☆

意味

集会や会議などがテーマや議題に沿って円滑に進むように、運営、管理する進行役のこと。

使い方

使用例「今度のシンポジウム、ファシリテーターは○○さんか。難しいテーマだけど、だったら安心だね」
――ファシリテーターに着目すると賢そうに見える。

フィードバック

耳にする頻度 ★★★

意味

業務の評価を業務をした本人に伝えること。製品やサービスの顧客からの意見や評価を関係者に伝えること。

使い方

【勘違い注意】**「フィードバックをお願いできたら嬉しいです」と言われて、キックバック（＝リベート、148ページ）の要求だと思ってしまうと、話が大きく食い違う。**

フィジビリ（ティスタディ）

耳にする頻度 ★★☆

意味

新規事業などが実現可能かどうか、事前に調査・検討を行うこと。実行可能性調査、事業化調査、採算性調査。

使い方

【気をつけよう】**この言葉で実行可能性などについて伝える以前に、この言葉の存在を相手が知っていて、正しい意味で伝わる可能性は、けっして高くはない。**

フィックス

耳にする頻度 ★★★

意味

決定すること。確定すること。物理的に固定すること。プログラムの問題点を修正すること。

使い方

使用例「例の件、先方との打ち合わせの時間、フィックスしておいて」
――こう言うと仕事ができそうに見える（気がする）。

フィランソロピー

耳にする頻度 ★☆☆

意味 企業による社会貢献活動、慈善事業のこと。

使い方 【勘違い注意】**企業が社会に貢献する活動をするのは、利益を社会に還元する行為であり、一種の義務とも言える。けっして「お情け」や「イメージ戦略」ではない。**

フェーズ

耳にする頻度 ★★☆

意味 ある物事が変化していく過程で、ひとつの区切りとなる段階や局面のこと。

使い方 **使用例「もういい時間だし、そろそろ締めのフェーズだね。俺は焼きおにぎりにしようかな」**
――飲み会の終盤で。

フォロワーシップ

耳にする頻度 ★★☆

意味 組織においてリーダーを補佐する部下やチームメンバーなどが、リーダーへの自発的支援を行うこと。

使い方 **使用例「○○君には今度のプロジェクトチームの中で、フォロワーシップを大いに発揮してもらいたい」**
――リーダーになれずに不満を抱いていそうな部下に。

プッシュ

耳にする頻度 ★★★

意味 働きかけること。促すこと。あと押しすること。推薦すること。

使い方 **使用例「あの件、先方にもう一回プッシュしてみます」**
――適切なタイミングと強さを見極めることが大切。そこを間違えると、まとまる話もまとまらなくなる。

フットインザドア

耳にする頻度 ★★☆

意味
交渉や依頼の際、簡単な要求から始めて、徐々に要求を大きくしていく方法のこと。段階的要請法。

使い方
【こぼれ話】もともとはセールスマンが、訪問先でドアのすき間に片足を入れて相手が逃げられないようにした上で、どんどん商談を進めていく動作に由来する。

プライオリティ

耳にする頻度 ★★★

意味
優先事項、優先順位、優先権のこと。

使い方
使用例「丁寧にやるのもけっこうだけど、よりプライオリティが高いのは納期を守ることだからな」
――わかってはいるけど簡単には割り切れないことも。

ブラッシュアップ

耳にする頻度 ★★★

意味
資料やアイデア、能力などを、さらに磨きをかけて良いものにすること。上を目指すこと。

使い方
使用例「じゃあ、次回の打ち合わせまでに、それぞれプランをブラッシュアップするということで」
――長くなった打ち合わせを切り上げるときに。

フラット

耳にする頻度 ★★★

意味
年齢、性別、役職などに基づく上下関係がないこと。先入観を持たないこと。

使い方
【気をつけよう】上司が「フラットな立場で意見を出し合おう」と言っても、鵜呑みにして遠慮のない意見を言い過ぎるのは危険。「今日は無礼講だ」と同じ意味である。

ブランディング

耳にする頻度 ★★★

意味
ある特定の商品やサービスについて消費者に識別させ、独自の価値を認めてもらうための活動のこと。

使い方
【ほかの意味】**文化人やタレントが、自分のイメージを明確にしつつ浸透させる行為も「ブランディング」と呼ぶ。どことなくセコさとインチキ臭さが漂う。**

フリーアドレス

耳にする頻度 ★★☆

意味
社員個々に割り当てられた固定席がなく、自由に席を選んで仕事ができるオフィススタイルのこと。

使い方
【勘違い注意】**部署でメールアドレスを共用することではない。和製英語で、アメリカでは「ノンテリトリアルオフィス」「シェアードオフィス」などと言う。**

ブリーフィング

耳にする頻度 ★★★

意味
要点をまとめた事前説明や状況報告など、短時間で終わる簡単な打ち合わせのこと。

使い方
使用例「課長、ちょっといいでしょうか。例の件の進捗についてブリーフィングをお願いしたいんですが」
――こう持ち掛けたときは5分以内に終わらせよう。

プル

耳にする頻度 ★★☆

意味
製品やサービスに対する消費者の興味を引くこと。消費者が能動的に製品やサービスの情報を取得すること。

使い方
【応用】**「プル型営業」は、単なる「受け身の営業」ではない。消費者をその気にさせる仕掛けを繰り出していくことが大事である。対義語は「プッシュ型営業」。**

ブルーオーシャン

耳にする頻度 ★★☆

意味
競争相手がいない、もしくは少ない未開拓の市場のこと。対して、競合企業がひしめいている既存市場は「レッドオーシャン」（151ページ）と言う。

使い方
【応用】**これを自ら構築することが、企業の成長戦略として重要だと言われている。**

ブルーカラー

耳にする頻度 ★★★

意味
生産現場で働く労働者のこと。「青い襟」の意で、工場労働者が青い作業服を着ていたことが語源とされる。

使い方
【気をつけよう】**ビジネスマンが肉体的にハードな日々について愚痴るときに「まるでブルーカラーだよ」と嘆くのは、ブルーカラーの人に極めて失礼である。**

フルコミット

耳にする頻度 ★★☆

意味
結果や成果に対して全面的な責任を負うこと。コミット（51ページ）の最上級の表現。

使い方
【類語】**「フルコミッション営業」と言えば、完全歩合制や完全出来高制で働くこと。結果や成果を出せば大きく稼げるが、出せないと悲惨なことになる。**

ブレイクスルー

耳にする頻度 ★★★

意味
現状を打破し急成長すること。問題を解決すること。障害を突破すること。

使い方
使用例「倒産を回避するためには、思い切った手を打って、ブレイクスルーを実現する必要がある」
――ますます事態が悪化していく予感しかしない。

ブレスト

耳にする頻度 ★★★

意味　ブレインストーミングの略。新しい考え方や問題の解決策などを見つけるために、複数の参加者が自由にアイデアを出し合う会議のこと。

使い方　【気をつけよう】**これを行う場合、ほかの人の意見を論評したり否定したりするのは厳禁。まず司会者が、参加者にその意識を共有させることが大切である。**

フレームワーク

耳にする頻度 ★★☆

意味　汎用性のある思考方法、分析手法、意思決定、問題解決、戦略立案などの枠組み、雛形のこと。

使い方　**使用例「いろんな問題が錯綜しているけど、まずは基本のフレームワークに立ち返って考えてみよう」**
――会議でそれぞれが勝手なことを言い出したときに。

プレゼンテーション

耳にする頻度 ★★★

意味　理解や共感を得ることで契約や購入につなげるため、企画や製品などの特徴や優位点を分かりやすく説明すること。

使い方　【ほかの意味】**上司と面と向かって、あるいは重役が集まった会議の場で、自分の企画やプランを説明することも「プレゼン（テーション）」と言う。**

フレックスタイム

耳にする頻度 ★★★

意味　労働者自身が始業や終業の時刻、就業時間を自由に決めることができる働き方のこと。またはその制度。なお、トータルの労働時間は決められている。

使い方　【気をつけよう】**満員電車を避けて通勤できるなどのメリットはあるが、その分、きちんとした自己管理が必要で、成果を上げることへのプレッシャーも強い。**

プレップ法

耳にする頻度 ★★☆

意味 最初に結論を伝え、理由を説明し、事例や具体例を示し、最後に結論を繰り返す文章構成の雛形のこと。

使い方 【応用】**元は「PREP法」と書く。P（OINT）＝ポイント・結論→R（EASON）＝理由→E（XAMPLE）＝事例・具体例→P（OINT）＝再度・ポイント、結論。**

フロー

耳にする頻度 ★★★

意味 流れのこと。ある事柄を表す言葉の前や後ろに付けて使われることが多い。売上額を指す場合もある。

使い方 【具体的な例】**「ワークフロー」（仕事の流れ）、「マネーフロー」（お金の流れ）、「データフロー」（データの流れ）など。一時点での状態を示す対義語は「ストック」。**

プロジェクトチーム

耳にする頻度 ★★★

意味 新規事業立ち上げや新製品開発といった特定の課題を遂行するために、臨時で編成される組織のこと。

使い方 【気をつけよう】**上司から「君は○○さんと同じプロジェクトチームだったよね」と尋ねられた時に、称賛もしくは悪口を迂闊に口にするのは危険。まずは意図を探ろう。**

プロダクトアウト

耳にする頻度 ★★☆

意味 企業が作りたいもの、作れるものを基準に商品を開発、生産し、消費者に販売すること。

使い方 【応用】**対義語は「マーケットイン」で、市場のニーズに合わせて製品を作ったりスペックを決めたりしていくこと。どちらがいいとは一概には言えない。**

プロパー

耳にする頻度 ★★★

意味
「正規」「適切」「本来」「特有」「固有」といった意味。名詞の前に付けて使われることが多い。

使い方
使用例「あいつはプロパーじゃないからな」
――生え抜きの社員を「プロパー」と呼ぶことも。多くの場合、転職組を見下す文脈で使われる。

プロモーション

耳にする頻度 ★★★

意味
消費者に製品やサービスを認識させ、購買意欲を喚起するために行う販売促進活動のこと。

使い方
【類語】**大きく分けて、広告費を払って商品などをPRする「広告」と、プレスリリースなどを出して報道として紹介してもらう「パブリシティ」がある。**

分離礼

耳にする頻度 ★☆☆

意味
先に挨拶の言葉を述べ、そのあとでお辞儀をする礼の仕方。語先後礼とも。

使い方
【気をつけよう】**言葉を発しながらお辞儀をする「同時礼」よりも、こちらのほうが丁寧とされている。とくにお詫びの場合、落ち着いて分離礼を心がけたい。**

「へ」から始まる用語

ペイ

耳にする頻度 ★★★

意味 支払いのこと。あるいは、採算が取れること、元が取れること、割に合うこと。

使い方 **使用例「それだとさすがにペイしないので……」**
――無理な値引きを要求してくる取引先に。「いいかげんにしろ」というニュアンスも込められている。

～ベース

耳にする頻度 ★★★

意味 「～を基準に」「～を基礎に」といった意味。へりくだった感じや表現を和らげる目的で用いられることが多い。

使い方 **使用例「前回の実績をベースにご相談できればと」**
――取引先と価格交渉をするときに。「前より安くするつもりはない」というニュアンスも込められている。

ベストプラクティス

耳にする頻度 ★★☆

意味 なにかを行う際に最も効率の良い方法、一番良い方法のこと。最善慣行、最良慣行と訳されることもある。

使い方 **使用例「A社に対しては、あの対応がベストプラクティスだったと思う。よくやってくれた」**
――面倒なトラブルを片付けた部下をねぎらうときに。

ベネフィット

耳にする頻度 ★★☆

意味 商品やサービスを購入した消費者が、そこから得られる利便性や満足感のこと。

使い方 **使用例「想像以上のベネフィットをお約束します」**
――顧客に商品を勧めるときに。「想像以上」という実体のないものを約束している時点で、口から出まかせ。

ペルソナ

耳にする頻度 ★☆☆

意味 自社の商品やサービスを利用する典型的な顧客像として、詳細に設定された仮想の人物モデルのこと。

使い方 【ほかの意味】**もともとは俳優がつける「仮面」のこと。心理学では、人が現実生活で見せている社交のためのキャラクターのことを言う。**

ベンダー

耳にする頻度 ★★★

意味 製造元、販売供給元のこと。特にコンピュータやソフトウェアなどIT関連製品の販売業者を指すことが多い。

使い方 **使用例「ベンダーさんに、ああいう態度はよくないよ」**
――自分がお金を払う側だと思って相手にぞんざいな態度を取る不心得者は、いつか必ずしっぺ返しをくらう。

ベンチマーク

耳にする頻度 ★★★

意味 何かを評価する際の比較基準、判断基準のこと。転じて、優良他社の戦略や手法を分析し取り入れること。

使い方 【ほかの意味】**コンピュータのハードウェアやソフトウェアの性能を評価するための基準。他社の製品と比較して「ベンチマークテスト」を行う。**

ペンディング

耳にする頻度 ★★★

意味 判断や結論を保留すること、先送りすること。

使い方 **使用例「この件は、とりあえずペンディングにして、もう少し様子を見よう」**
――たいていの場合、そうしても事態は好転しない。

「ほ」から始まる用語

ホウ・レン・ソウ/報連相

耳にする頻度 ★★☆

意味 仕事を円滑に進めるために必要とされる「報告」「連絡」「相談」の頭文字をとった造語。

使い方 **使用例「とくに新入社員のうちは、ホウ・レン・ソウを徹底することを心がけなさい」**
――実際、それができないようでは話にならない。

ボール

耳にする頻度 ★★★

意味 業務における担当者としての立場や、主導権自体のこと。

使い方 **使用例「あのイベントの予算の件は、誰がボールを持ってるんだっけ？」**
――時に投げたり受け取ったりもする。

ポジショニング

耳にする頻度 ★★☆

意味 自社の製品やサービスを他社と差別化し、顧客に独自性のあるものと認識されるような位置づけをすること。

使い方 **使用例「おたくのサービスはポジショニングがしっかりしていて、素晴らしいですよね」——ライバル社のサービスを適当にホメるときに。**

ポシャる

耳にする頻度 ★★★

意味 予定や計画などが途中で頓挫すること、ダメになること。

使い方 **使用例「ああ、あの件はポシャりました」——不安を抱いた関係者に「どうなりました？」と尋ねられて、そこで初めて伝えるのは重大なマナー違反。**

ポテンシャル

耳にする頻度 ★★☆

意味 人や物の潜在能力、可能性として持っている能力のこと。あるいは製品やサービスの市場規模のこと。

使い方 **使用例「あいつはポテンシャルはあるんだけどな」——現状ではまったく使えない、あるいは明らかにヤル気がない同僚や後輩を無理にホメるときに。**

ボトムアップ

耳にする頻度 ★★☆

意味 組織運営において、下位から上層部への提議で意思決定がなされる管理方式のこと。日本語では「下意上達」。対義語は「トップダウン（88ページ）」。

使い方 【勘違い注意】**「しっかりボトムアップを進めていかなければいけない」と言われたからといって、あわててズボンをずり上げる必要はない。**

ボトルネック

耳にする頻度 ★★★

意味
作業工程やシステムなどの一部で、処理能力や容量などが低いため全体の進行や効率に悪影響を与える部分のこと。

使い方
【気をつけよう】「ボルトネック」と言い間違えて、心の中で笑われるケースは多い。「ビンの首の部分」をイメージしながら覚えると、恥ずかしいミスを防げる。

ホワイトカラー

耳にする頻度 ★★★

意味
知的、技術的労働や事務、販売などに従事する労働者のこと。白い襟のワイシャツを着ていることが語源とされる。

使い方
【勘違い注意】ホワイトカラーのビジネスマンが「ブルーカラー」（116ページ）に対して優越感を抱くのは、極めて愚かで失礼な了見。単に役割が違うだけである。

本決まり

耳にする頻度 ★★★

意味
最終的に決定すること。正式に決まること。

使い方
使用例「あの件って、本決まりになったんだっけ？」
──「もし決まったらよろしく」と言ってあいまいな状態のまま引っ張るのは、相手にとってはかなり迷惑。

本チャン

耳にする頻度 ★★☆

意味
本番、完成品のこと。サービスの運用や実際の業務のことを指す場合もある。

使い方
使用例「明らかになった不具合は、本チャンまでに修正しておいてください」
──多くの場合、全部は修正し切れない。

ま行

「ま」から始まる用語 ………… 126
「み」から始まる用語 ………… 131
「む」から始まる用語 ………… 133
「め」から始まる用語 ………… 133
「も」から始まる用語 ………… 135

COLUMN④
今さら聞けない
略語・略称④ ………… 138

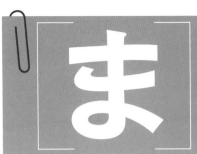

「ま」から始まる用語

マーケットイン

耳にする頻度 ★★☆

意味 消費者の意見やニーズを最優先して商品を開発、生産し、販売すること。消費者ありきの販売戦略。

使い方 【応用】**対義語は「プロダクトアウト」（118ページ）。日本では、高度経済成長期まではプロダクトアウト型が主流だったが、このところはこちらが主流となっている。**

マーケティング

耳にする頻度 ★★★

意味 顧客のニーズを満たす製品やサービスを提供し、多くの利益を上げられるような中長期の売れる仕組みをつくること。短期的な売り上げ上昇を目指すセリングと混同されることが多い。

使い方 **使用例「マーケティング主導で企画や開発をしているうちは、画期的な商品なんて生まれようがないよ」**
――とはいえ、そうじゃなくてもそうそう生まれない。

マージン

耳にする頻度 ★★★

意味 利鞘、手数料、仲介料のこと。印刷物の余白や規定値などに対する余裕の意味で使うこともある。

使い方 **使用例「ご紹介するのは問題ないんですが、ウチのマージンはどのぐらい考えておけばいいでしょうか」**
――ちゃっかりタダで人を動かそうとしているヤツに。

マーチャンダイジング

耳にする頻度 ★★☆

意味
顧客のニーズに適切な商品を、適切な時期、適切な場所、適切な数量、適切な価格で提供するための活動のこと。

使い方
使用例「マーチャンダイジングだか何だか知らないけど、そればっかり気にしてて商売ができるかよ」
——気にしていれば、仕事しているフリができる。

マーチャント

耳にする頻度 ★★☆

意味
商品の販売やサービスの提供を行う個人や企業のこと。特にネットショップを指すことが多い。

使い方
【気をつけよう】**英語で「商人」のこと。「われわれマーチャントとしては」など、わざわざこの言葉を使いたがる輩は、まー、ちゃんとしていない可能性が高い。**

マイルストーン

耳にする頻度 ★★☆

意味
長期のプロジェクトなどにおいて進捗の管理のために途中で設ける特に重要な節目のこと。中間目標。

使い方
【ほかの意味】**「医学の歴史におけるマイルストーン」など、画期的な出来事のことを言うこともある。もともとは道路に立つ起点からの距離をしるした標識（一里塚）のこと。**

マインドセット

耳にする頻度 ★★☆

意味
教育、経験、価値観、信念などから形成される基準となるものの見方、考え方のこと。

使い方
使用例「大きく飛躍するには、これまでのマインドセットに縛られていちゃダメなんだ」
——このように悪い意味で使われることもある。

前株(まえかぶ) 後株(あとかぶ)

耳にする頻度 ★★★

意味
「株式会社」が企業名の前にくることを「前株」、後ろにくることを「後株」という。

使い方
使用例「前株（後株）で○○でお願いします」
――お店などで領収書を書いてもらうときに。この言葉が通じなくて、ポカンとされることも多い。

巻く

耳にする頻度 ★★★

意味
予定よりも早めに進むこと。あるいは、時間を早めること、短縮すること。

使い方
【応用】**「マキマキ（巻き巻き）でお願いします」と言えば、急いで進めてほしいということ。「マキで」という言い方もあるが、重ねたほうがより急いでほしい感が出る。**

マジケツ

耳にする頻度 ★★☆

意味
絶対にそれ以上延ばすことのできない締切や期限のこと。

使い方
【気をつけよう】**響きがお上品ではないので、女性が使うとギクッとされるかも。同じ意味でより一般的な「デッドライン」（85ページ）を使うほうが無難。**

マスタースケジュール

耳にする頻度 ★☆☆

意味
プロジェクトの開始から完了までに必要なすべての作業を時系列にまとめた予定表のこと。

使い方
【勘違い注意】**喫茶店やバーの店主のスケジュールのことではない。また、語学の習得を目指すためのスケジュールのことでもない。**

マスト

耳にする頻度 ★★★

意味

絶対にやらなければいけないこと。あるいは絶対に必要なもの。

使い方

使用例「あの会社は社長の親戚だから、仕入れはあそこを通すのがマストなんだよな」──仕方ないというニュアンスを表現している。

マスマーケティング

耳にする頻度 ★★☆

意味

対象を限定せずに大規模な宣伝広告を行い、単一の製品を大量生産して大量販売を行うマーケティング戦略のこと。

使い方

【応用】**現在においては無理がある方法という見方が定説。対義語に「ニッチマーケティング」「セグメントマーケティング」「one to oneマーケティング」がある。**

マター

耳にする頻度 ★★★

意味

名前や部署名の後につけて、「～の担当」「～の責任」「～の管轄」といった意味で使われるのが一般的。

使い方

使用例「この件は企画部マターだから」「じゃあ、これは○○マターで進めてくれ」──たらい回しにしたり、責任を押し付けたりもできる。

マニュアル

耳にする頻度 ★★★

意味

作業や操作の手順、取り扱い方法などを解説した文書のこと。使用説明書、取扱説明書、手引き書。

使い方

【勘違い注意】**一般ユーザーの多くは家電製品などのマニュアルは読まない。「正しい使い方はマニュアルに書いてある」というのは、作る側の勝手な言い分である。**

マネタイズ

耳にする頻度 ★★☆

意味
インターネット上で無料提供しているサービスを、収益を生み出すサービスにすること。収益事業化。

使い方
使用例「画期的なサービスだしユーザーは喜んでくれるだろうけど、どうマネタイズするかが問題だね」
――その壁を越えられずに頓挫するケースは多い。

丸投げ

耳にする頻度 ★★★

意味
企業や個人が本来なら担当すべき業務を、他の企業や個人へ丸ごと全部委託すること。

使い方
【応用】**単に「投げる」（94ページ）だけでなく、進め方の指示やアシストの類はまったくなしで、無責任に押し付けるというニュアンスが込められている。**

マンパワー

耳にする頻度 ★★★

意味
労働力、人手のこと。あるいは投入できる人的資源のこと。

使い方
【勘違い注意】**「マンパワーが足りない」と言われて、「じゃあ、ウーマンパワーも使えばいいじゃないか」と返すのは間違い。最初からそれも含んだ言葉である。**

「み」から始まる用語

右肩上がり

耳にする頻度 ★★★

意味　数値が上昇し続けていること。状況が改善していること。数値や状況が良いことの比喩としても使われる。

使い方　【こぼれ話】もともとは折れ線グラフから生まれた言葉。時間がたつにつれて数値が上昇すると、右に行くほどグラフの線が上がっていく。肩はとくに関係ない。

見切り発車

耳にする頻度 ★★★

意味　議論が十分に尽くされないまま物事を決定し、実行に移すこと。

使い方　使用例「見切り発車だけど、とりあえずやってみよう」
──慎重に議論すればいい結果になるとも限らない。案ずるより産むが易しで、時にはこれも必要である。

見込客

耳にする頻度 ★★☆

意味　将来的に製品の購入やサービスの利用を見込める顧客層のこと。

使い方　使用例「今月はツイてないや。アテにしていた見込客に、ことごとく裏切られちゃってさ」
──見込みはあくまで見込みで、外れることが多い。

ミッション

耳にする頻度 ★★★

意味 企業や個人が果たすべき任務や使命のこと。あるいは企業が社会的に果たすべき使命や役割のこと。

使い方 **使用例「よし、机も片付けたし、いらない資料も捨てたし、今日のミッションは終了」——たいしたことをしていないときに使うのも一興。**

見積もり

耳にする頻度 ★★★

意味 製品の購入やサービスの利用に掛かる費用や納期を前もって概算すること。

使い方 **使用例「今回は苦労したね。見積もりが甘かったよ」——具体的な概算だけでなく、労力やストレスなど抽象的な負担についてのイメージを指すことも。**

都落ち（みやこおち）

耳にする頻度 ★★☆

意味 都会から地方へ転勤、転居すること、生まれ育った故郷に戻ること。特に東京からの転居、転勤を指すことが多い。

使い方 【間違った使い方】**東京から京都に転勤になったときに、「都落ちで……」と愚痴るのは不適切。京都の人にとっては京都こそが「都」なので、確実に怒りを買う。**

「む」から始まる用語

むりくり

耳にする頻度 ★★★

意味 強引に押し進めること。相手の意思や意向を無視してなにかをさせる、またはすること。無理矢理と同義。

使い方 **使用例「スケジュールがいっぱいだと言われたんですけど、むりくり割り込ませてもらいました」**
──「無理矢理」よりも、より無理した感じがする。

「め」から始まる用語

メイクセンス

耳にする頻度 ★☆☆

意味 理解できること。または理にかなっていること、もっともであること。

使い方 【応用】**英会話ではよく使われるフレーズ。何か説明をしたあとで「Make sense?」と言えば「分かる?」の意味。「That makes sense.」は「なるほど」の意味。**

メセナ

耳にする頻度 ★★☆

意味
企業が資金や人材、施設などを提供し、社会貢献の一環として文化、芸術活動を支援すること。

使い方
【こぼれ話】**フランス語で「芸術・文化を保護・支援すること」の意味。古代ローマ帝国の貴族で芸術家などを手厚く保護したマエケナス（Maecenas）に由来する。**

メソッド

耳にする頻度 ★★★

意味
ある目的を達成するために体系的にまとめられた方法、技法、指導法のこと。

使い方
使用例「お前のメソッドを新人に教えてやってくれよ」
――その人ならではのノウハウやテクニックという意味。こう言えばベテラン社員をおだてることができる。

メディアリテラシー

耳にする頻度 ★★★

意味
メディアの伝える情報や価値観、主張を鵜呑みにせず、主体的に読み解く能力のこと。

使い方
【勘違い注意】**ネット上では「自分好みの情報」だけが目に入る傾向がある。主体的に読み解いているつもりが、偏った情報を鵜呑みにしているケースは多い。**

メンター

耳にする頻度 ★★☆

意味
仕事やキャリア、個人的な悩みも含めて幅広く相談に乗り、指導、助言を与える人のこと。

使い方
使用例「私がどうにか一人前になれたのは、○○さんという素晴らしいメンターに出会えたからです」
――上司がよきメンターになってくれる例は少ない。

メンタルヘルス

耳にする頻度 ★★★

意味 精神的な健康、心の健康のこと。

使い方 【気をつけよう】**会社などの組織は、社員のこれを大切にしなければならない。何より、ひとりひとりが自分のこれに関心を持って、全力で守る必要がある。**

「も」から始まる用語

モアベター

耳にする頻度 ★★☆

意味 ずっと良いこと、より良いこと。

使い方 【こぼれ話】**1980年代から90年代にかけて、映画評論家の小森和子さん（小森のおばちゃま）が人気を集めた。彼女の代名詞だったセリフは「来週もモアベターよ」。**

モジュール

耳にする頻度 ★★☆

意味 組み換えが容易にできる規格化された構成単位や標準化された要素のこと。複数の部品からなる集合部品をモジュールと呼ぶこともある。

使い方 【具体的な例】**日本建築における畳の寸法や柱の太さ、電球のソケット、パソコンのハードディスクなど。歯車の歯の大きさを示す基準も、こう呼ぶ。**

あ行 か行 さ行 た行 な行 は行 ま行 や行 ら行 わ行

モチベーション

耳にする頻度 ★★★

意味

目的に向かって行動を起こさせる動機のこと。特に仕事に対する意欲、やる気の意味で使われることが多い。

使い方

使用例「なんか今日はモチベーションが上がらないな」
――「やる気が出ない」と同じ意味だが、こう言ったほうがちゃんとした理由があるように聞こえる。

モック

耳にする頻度 ★★☆

意味

モックアップの略。製品の試作や店頭展示などのためにつくられる原寸大の模型のこと。

使い方

【勘違い注意】**ガチャピンの相棒のことではない。モックを指して「あれ、ガチャピンはどこかな？」とボケるのは、アリはアリだが通じない可能性が高い。**

元請け

耳にする頻度 ★★★

意味

注文者から直接仕事を請け負うこと。請け負った企業や個人のこと。

使い方

【気をつけよう】**対義語は「下請け」（61ページ）だが、元請けの人間がその立場の会社を「下請け」と呼ぶのはタブー。「協力会社」など、オブラートに包んで表現したい。**

揉む

耳にする頻度 ★★★

意味

意見を出しあって議論を尽くすこと。

使い方

【勘違い注意】**揉むための議論をする際に、上司や先輩が「よし、いっちょ揉んでやるか」と張り切るのは、ちょっと紛らわしいが、間違った使い方である。**

最寄り品

耳にする頻度 ★★☆

意味 日用品や食料品のように購買頻度が高く、消費者が時間をかけずに最寄りの店舗で購入するような商品のこと。

使い方 【応用】**関連語として、品質や価格を時間をかけて検討する「買回り品（36ページ）」や、特定の商標に価格以外の魅力を感じる「専門品」がある。**

モンスタークレーマー

耳にする頻度 ★★☆

意味 商品やサービスに関して身勝手かつ理不尽な苦情を申し立て、不当に金品などを要求する人のこと。

使い方 **使用例「あいつ、完全にモンスタークレーマーだよ」**
――厄介なクレームを付けてきた相手に。こう言っていても、じつはこっちに非があるケースは少なくない。

編集部が選ぶ 会話も文章も相手に伝わらなければ意味がない 日本語の方がいいカタカナ語トップ5

第1位 エビデンス

「証拠」の意。日本語で言った方が短い上に、意味も正確に伝わるので日本語を使うべき。都合が悪い時に「エビデンスを示せ」など、逆ギレ気味に使うと印象は最悪に……。

第2位 アサイン

「割り当てる」「任命する」という意味。たいした業務でもないのに「○○くんをアサインしたから」などと使うと、イラッとされること間違いなしなので注意。

第3位 アジャイル

「素早い」という意味で、元々はIT業界で使われていた開発手法の名前から広まった。IT業界の人には通じても、ほとんどの人には伝わらない可能性が高いので日本語で言う方がいい。

第4位 コミット（メント）

「責任を持ってやります」よりも「コミットします」の方が軽く言えるようだが、言った以上は責任を持ってやり遂げなければならないのは一緒。しかし、現実はそうではないことの方が多い……。

第5位 プライオリティ

これも優先順位、優先度と日本語で言ったほうが相手にきちんと伝わる。本当に優先してやって欲しいなら、「プライオリティ高めでお願いします」より「最優先でお願いします」と頼むのが礼儀。

COLUMN④

今さら聞けない略語・略称④

KGI

読み ケージーアイ

語源 Key Goal Indicatorの略語（頭字語）

企業や個人が立てた最終目標が達成されているかを計測するための指標のことで、日本語に訳すと「重要目標達成指標」となる。最終目標の達成度合いを測るために設定するものであるため、具体的な売上高や利益率、成約件数などの数値を設定することが必要になる。

KPI

読み ケーピーアイ

語源 Key Performance Indicatorの略語（頭字語）

企業や個人が立てた最終目標を達成するための過程を評価する中間指標のことで、日本語に訳すと「重要業績評価指標」となる。最終目標を達成するために必要となる活動やタスクの達成状況を把握するために、具体的な数値やパーセントなど、客観的な評価基準を定める必要がある。

M&A

読み エムアンドエー

語源 Mergers and Acquisitionsの略語（頭字語）

Mergersは「合併」、Acquisitionsは「買収」という意味で、吸収合併、株式の取得や移管、事業譲渡、会社分割などによって行われる企業の合併や買収の総称。企業にとって重要な経営戦略のひとつで、既存事業の拡大強化、新規事業の立ち上げ、新規市場への進出などを目的に行われる。

MTG

読み ミーティング、エムティージー

語源 Meetingから母音を除いた短縮語

会議や打ち合わせのこと。メールやチャット、スケジュール表などに、Meetingを省略して表記するために使われる。会話で「明日のMTG（エムティージー）は14時から」といったような使われ方をすることはない。

や行

「や」から始まる用語 ……………………140
「ゆ」から始まる用語 ……………………140

COLUMN⑤
今さら聞けない
略語・略称⑤ ……………………142

や から始まる用語

焼く

耳にする頻度 ★★☆

意味 CD-R/RWやDVD-R/RWなどの記録メディアに文書や画像などのデータを書き込むこと。

使い方 【応用】**上のような記録形式は、もはや主流ではなくなっている。USBメモリへの保存を依頼する場面で「これに焼いといて」と言うのも、それはそれで味わい深い。**

ゆ から始まる用語

ユーザー

耳にする頻度 ★★★

意味 商品やサービスを使用する人のこと。商品を買う人のこと。使用者。

使い方 **使用例「ウチの会社はユーザーに満足してもらうことが最優先で、利益は二の次です」——その心意気は素晴らしいが、限度はある。**

ユーザーエクスペリエンス

耳にする頻度 ★★☆

意味 製品やサービスを使用することで使用者が得られる体験、経験のこと。

使い方 【具体的な例】**「ドン・キホーテ」の「圧縮陳列」は、便利さやスマートさを求めるのではなく、楽しさやお得感という「ユーザーエクスペリエンス」を演出している。**

ユーザビリティ

耳にする頻度 ★★☆

意味 製品やサービス、ソフトウェア、Webサイトなどの使いやすさ、使い勝手のこと。

使い方 【類語】**「ユーザーインターフェイス」は、その機械やサービスを利用する際の接点や見え方のこと。「ユーザビリティ」を大きく左右する。**

ユーティリティ

耳にする頻度 ★★☆

意味 役に立つこと、使い勝手がいいこと。あるいは実用性のあること、有用性のあること。

使い方 【ほかの意味】**ゴルフクラブで、ヘッドの形状やシャフトの長さが、ウッドとアイアンの中間にあたるもの。いろんな状況で便利に使えるが、中途半端でもある。**

今さら聞けない略語・略称⑤

COLUMN⑤

NR

読み ノーリターン・エヌアール

語源 No Returnの略語（頭字語）

取引先などの外出先から会社に戻らず帰宅する「直帰」のこと。スケジュール表などに略語として記入するために使われ、会話で「今日はNR（エヌアール）です」といった使われ方をすることはない。ちなみに、出社せずに自宅から取引先に直接向かう「直行」は、GS（Go Straight）やGD（Go Direct）と短縮する。

OEM

読み オーイーエム

語源 Original Equipment Manufacturerの略語（頭字語）

製造メーカーが他社ブランドの製品を製造すること、またはその製造メーカーのことを指す。プライベートブランドの食品や日用品から、服飾、家電、自動車など幅広い業種で行われている。「OEM契約」「OEM生産」「OEM先」「OEM元」といった使われ方をすることが多い。

Off-JT

読み オフジェーティー

語源 Off The Job Trainingの略語（頭字語）

仕事に必要とされる能力を養うために、職場での通常業務から離れて行われる教育訓練、集合研修、講習会、通信教育などのこと。社会人としての常識やビジネスマナーを学ぶ新人研修、専門的知識やスキルを得るための管理職研修、キャリアアップ研修など、さまざまなパターンがある。

OJT

読み オージェーティー

語源 On The Job Trainingの略語（頭字語）

職場での実務を通じて、現場でしか得られない実践的知識やノウハウを習得するために行われる教育訓練のこと。上司や先輩社員が指導する側となり、部下や後輩に対して具体的な仕事を与え、業務に必要な知識や技術、技能などを習得させることによって、実務能力を育成する。

ら行

「ら」から始まる用語 …………………… 144
「り」から始まる用語 …………………… 144
「る」から始まる用語 …………………… 149
「れ」から始まる用語 …………………… 150
「ろ」から始まる用語 …………………… 152

COLUMN⑥
今さら聞けない
略語・略称⑥ …………………… 156

「ら」から始まる用語

ライフハック

耳にする頻度 ★★☆

意味 仕事を簡単に効率良く行うための技術やこつのこと。仕事術。転じて、生活を快適にする生活術全般を指すことも。

使い方 【勘違い注意】**しょせんは小手先のテクニックで、これをたくさん覚えることと、本当の意味で仕事ができるようになることとは、ほとんど関係ない。**

「り」から始まる用語

リーク

耳にする頻度 ★★★

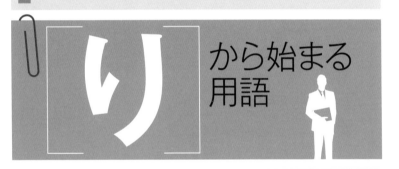

意味 秘密や情報などを意図的に漏らすこと。

使い方 **使用例「容疑者の証言なんて、警察が都合よくリークしているだけだから、アテにならないよ」**
――しかし、素直に義憤にかられる人も多い。

リーダーシップ

耳にする頻度 ★★★

意味　集団に目標を設置し、集団構成員に影響を与え目標達成に向かっていくこと。近年は、メンバー全員がリーダーシップを発揮することが期待される。

使い方　**使用例「学生時代はサークルで部長を務めておりましたので、リーダーシップはあると自負しております」**
――就職試験の面接でよく聞くアテにならないセリフ。

リードタイム

耳にする頻度 ★★☆

意味　開発、生産、流通などの現場における、工程のはじまりから終わりまでの所要期間のこと。通常、リードタイムの短縮はビジネスの効率や業績の良い影響がある。

使い方　【勘違い注意】**本を読み終わるまでに要する時間のことではない。また、陸上競技などでトップの選手が2位とどのぐらいタイム差があるかでもない。**

リコール

耳にする頻度 ★★☆

意味　製品に欠陥があることが判明した場合、製造者、販売者が公表して回収、修理、交換、返金などの対応をとること。

使い方　**使用例「リコールの対応で、いま工場がいっぱいいっぱいで、お受けできるのは再来週以降になります」**
――クルマのディーラーで、たまに言われる。

リスクヘッジ

耳にする頻度 ★★☆

意味　リスクを想定して回避のための方策をとること。投資において相場変動による損失の危険を回避すること。

使い方　【具体的な例】**生命保険に入ることや資産を株式や外貨預金などに分散すること、あるいは、もし電車のトラブルがあってもいいように早めに家を出ることなど。**

リスクマネジメント

耳にする頻度 ★★★

意味
事前にリスクを想定し、リスク発生時に損失を回避または最小限に抑えるための対応のこと。

使い方
【応用】**リスクを想定して保険に入る行為自体は「リスクヘッジ」だが、「リスクマネジメントは最小の費用でリスクを最小限に抑える管理手法のことを言う。**

リスケ（ジュール）

耳にする頻度 ★★★

意味
スケジュールを組み直すこと。計画を変更すること。

使い方
【類語】**「ばらし」や「キャンセル」は、その場で代わりとなる日時を決めないことが多い。「リスケ」と言いつつ代わりの日時を決めないと、相手は拍子抜けする。**

リストラ

耳にする頻度 ★★★

意味
企業が事業の再構築（リストラクチャリング）をはかること。転じて、日本では人員整理、解雇を意味するようになった。

使い方
使用例「俺なんて真っ先にリストラされる口だから」
――本人は自虐的な冗談のつもりでも、周囲は心の中で「たしかにそうだ」と思っていることが多い。

リスペクト

耳にする頻度 ★★★

意味
尊敬すること、敬意を払うこと、相手を重んじること。

使い方
使用例「課長のことは心からリスペクトしています」
――面と向かってこういうことを言うタイプは明らかに信用できないが、言われて素直に浮かれる人も多い。

リソース

耳にする頻度 ★★★

意味　資産、資源のこと。または企業を経営する上で重要な経営資源（ヒト、モノ、カネ、情報）のこと。

使い方　**使用例「お好み焼きを作るには、ソースというリソースは絶対に欠かせない」**
──「ポン酢もオツ」と反論される可能性はある。

リテールサポート

耳にする頻度 ★★☆

意味　メーカーや卸売業者が、小売業者に対して情報や資金の提供、販売促進などの支援を行うこと。

使い方　【具体的な例】**酒屋さんの看板をメーカーが作ったり、家電量販店の店頭でメーカーの社員が販売員をしたりなど。メーカー側にとっては大切な営業活動である。**

リテラシー

耳にする頻度 ★★★

意味　ある分野に関する知識とそれを活用する能力のこと。物事を正しく理解、分析し、それを活用する能力のこと。

使い方　**使用例「お前は本当に恋愛リテラシーがないなあ。それは好きだって意味に決まってるじゃないか」**
──この手の強気なアドバイスはアテにならない。

リバイズ

耳にする頻度 ★★☆

意味　改訂すること。修正すること。

使い方　**使用例「この企画書、もうちょっと具体性を出す方向でリバイズしてみてくれないか」**
──「修正」というよりダメ出し感が薄れる。

リピートコール

耳にする頻度 ★★☆

意味 営業先に対して複数回の訪問を重ねて成約に結びつける営業手法における、2回目以降の訪問のこと。

使い方 【気をつけよう】**接触を重ねることで好感度を増す効果が期待できるが、相手から悪い印象を持たれている場合は逆効果。初回の訪問は「ニューコール」と呼ぶ。**

リベート

耳にする頻度 ★★★

意味 謝礼金や報奨金などの名目で支払者に代金の一部を払い戻すこと、その金のこと。転じて、賄賂となることがある。

使い方 **使用例「あの人、リベートもらってるらしいよ」**
――まれに正当な取引としてやり取りされる場合もあるが、多くは「大きな声では言えない裏金」を指す。

リマインド

耳にする頻度 ★★★

意味 思い出させること。気づかせること。

使い方 **使用例「念のためのリマインドメールです。明日の14時からのお打ち合わせ、よろしくお願いいたします」**
――こういうメールを送ると仕事ができそうに見える。

リレーションシップ

耳にする頻度 ★★☆

意味 企業と個人、企業間、個人間の信頼関係や関係性のこと。

使い方 **使用例「リレーションシップが取れていないうちにそんなこと頼んだって、断わられるに決まってるだろ」**
――片方だけが取れていると思っていることも多い。

「る」から始まる用語

ルーチンワーク

耳にする頻度 ★★☆

意味 日常的に決められた手順で行われる業務のこと。あるいは決まった方法、手順で繰り返し行われる作業のこと。

使い方 【気をつけよう】**「簡単な仕事」「それほど重要ではない仕事」という意味合いで使われることもあるが、ルーチンワークを軽く見ている人に大きな仕事はできない。**

ルートセールス/ルート営業

耳にする頻度 ★★☆

意味 すでに取引実績のある顧客を定期的に訪問して、商品やサービスのセールスを行う営業手法のこと。

使い方 【勘違い注意】**新規開拓が中心の営業に比べて「簡単で楽な仕事」と思われがちだが、もちろんそんなことはない。この仕事ならではの難しさや責任の重さはある。**

れから始まる用語

レイオフ

耳にする頻度 ★★☆

意味 企業の業績が悪化した際に、業績回復時の再雇用を前提に労働者を一時的に解雇すること。

使い方 【気をつけよう】**業績が回復する保証はないし、たとえ回復しても再雇用の約束が守られるとは限らない。ほとんどの場合は、ほぼ「解雇」である。**

レジュメ

耳にする頻度 ★★★

意味 会議やミーティング、プレゼンなどの内容を要約した資料のこと。あるいは履歴書のこと。「レジメ」とも言う。

使い方 **使用例「なんだよこのレジュメ、スカスカだな」**
——作った当人はたぶん近くにいるし、しかも意外に偉い立場の人だったりする可能性もあるので注意。

レスポンス

耳にする頻度 ★★★

意味 相手からの応答、反応、返事のこと。

使い方 **使用例「あの人、レスポンスが遅いんだよな」**
——おもにメールの返信が遅い人に対して。本人に悪気や他意はなくても、相手としてはかなり迷惑である。

レッドオーシャン

耳にする頻度 ★★☆

意味 血で血を洗うような激しい競争が行われている既存の成熟した市場のこと。

使い方 【応用】**対義語は「ブルーオーシャン」(116ページ)。売る側にとっては過酷な市場だが、消費者やユーザーにとっては、サービスの向上が期待できるなどいい部分もある。**

レバレッジ

耳にする頻度 ★☆☆

意味 借入金や社債などの他人資本を活用して、自己資本の利益率を高めようとすること。少ない資金で大きな投資するといった「テコの原理」をビジネスで用いることを指す。

使い方 **使用例「10倍のレバレッジをかければ大儲けだよ」**
――FX(外国為替証拠金取引)でよく使われる言葉。うまくいけば大儲けだが、その分、大損のリスクもある。

～レベル

耳にする頻度 ★★★

意味 評価をする場合の基準のこと。あるいは全体の水準のこと。難易度を表す指標としても使われる。

使い方 【ほかの意味】**「あの人ぐらいのレベルになると」など、能力や社会的地位の高さを表現することもある。その使い方をする人は"レベル"が高そうには見えない。**

ろから始まる用語

ロールプレイ/ロープレ

耳にする頻度 ★★☆

意味 現実に起こる場面を想定し、その場面の登場人物を演じさせることで、適切な対応方法を訓練する研修手法のこと。

使い方 **使用例「ちょっとロープレやってみようか。俺がクレームを付けてきた客で、お前が店長な」**
――ちょっとした「練習」の意味で使われることも。

ローンチ

耳にする頻度 ★★★

意味 新商品や新サービスを発表すること、世の中に送り出すこと。WebサイトやWebアプリケーションを公開すること。

使い方 **使用例「また不具合が見つかったんだって。こんな調子で本当に来月ローンチできるのか」**
――語源は英語の「Launch（船を進水させる）」。

ロイヤリティ

耳にする頻度 ★★☆

意味 特許権、商標権、著作権といった知的財産を利用する際、利用者が権利者に支払う使用料のこと。人物にこれを支払う場合は「ギャランティー」、つまりギャラのことである。

使い方 【勘違い注意】**商談相手に「ロイヤリティについては、どうお考えですか？」と聞かれて、あわててロイヤルミルクティーを出してはいけない。**

ロイヤリティ・フリー

耳にする頻度 ★★★

意味 一度使用許諾を得れば、使用許諾の範囲内に限って何度でも使用できるライセンスのこと。

使い方 **使用例「ポスターのイラスト、パンフレットにも使って大丈夫だよ。ロイヤリティ・フリーだから」**
――そうじゃないのに使い回す悪質なケースもある。

労働生産性

耳にする頻度 ★★☆

意味 労働者ひとりあたり、または1時間あたりで、どれくらいの生産量が得られたかを表す指標のこと。

使い方 **使用例「おいおい、これっぽちの作業に何時間かかってるんだよ。お前ら本当に労働生産性が低いなあ」**
――こういう言い方をする上司は確実に嫌われる。

ロジスティック

耳にする頻度 ★★☆

意味 原材料の調達から生産、販売までの物流のこと。またはそれを効率的に管理する仕組みのこと。

使い方 【応用】**「ロジスティクス」とも言う。もともとは軍隊における兵站や後方支援のこと。これがしっかりしていないと、いくらいい製品を開発しても意味がない。**

ロジック

耳にする頻度 ★★★

意味 正しい結論を出すための思考の筋道のこと。あるいは筋道の通った考え方のこと。日本語では論理。

使い方 【間違った使い方】**「その言い分が通るんだったら、こっちだって通らないとロジックとしておかしいですよね」など、屁理屈を主張するために使ってはいけない。**

ロスリーダー

耳にする頻度 ★★☆

意味 小売店において、集客のために収益を度外視して極端な低価格で販売する目玉商品のこと。

使い方 **使用例「このスーパーの今日のロスリーダーは、どうやらサラダ油だな。じゃあ、それだけ買っていこう」**
――こんなお客ばっかりだったら店はつぶれる。

ロット

耳にする頻度 ★★★

意味 同じ条件のもとに製造される製品の製造数量、出荷数量の最小単位のこと。

使い方 【応用】**ノベルティ商品や各種印刷物などに関して、「小ロット可能」を売りにしている会社も少なくない。当然、大きなロットで作るよりも割高にはなる。**

ロハ

耳にする頻度 ★★☆

意味 無料のこと。語源は無料を意味する「只（ただ）」という漢字を分解し、カタカナ読みしたという説が有力。

使い方 **使用例「悪いんだけど、今回はロハで頼めないかなあ。近いうちに、必ずいい仕事まわすからさ」**
――実際にいい仕事が回ってくる可能性は極めて低い。

ロングテール

耳にする頻度 ★★☆

意味 インターネット通販において、品揃えを非常の多くした際に、売れ筋商品ではなく、まれにしか売れない商品群の部分のこと。店舗販売では難しいが、無店舗販売ではロングテール戦略が比較的容易。

使い方 **使用例「リアル店舗じゃ、ロングテールは難しいよな」**
――売り場面積や接客する人員に限りがあるため、売れ筋商品に力を入れていかざるを得ない。

ロンダリング

耳にする頻度 ★★★

意味 洗浄すること、きれいにすること。転じて、過去や経歴を隠す、不利な情報をごまかすといった意味でも使われる。

使い方 【具体的な例】**「マネー～」は非合法なお金の出どころを隠して合法っぽいお金にすること。「学歴～」は有名校の大学院に進んで聞こえのいい最終学歴を得ること。**

知っておきたい正しい記号の使い方

記号	読み	意味・使い方
@	アットマーク	本来は単価を意味する記号で、「@300円」のように使う。現在は「@東京」「@12:00」のように場所や時間を表す際に使われる。
*	アスタリスク	脚注を表すのに使われる記号。また、エクセルなどの表計算ソフトや電卓アプリでは掛け算の記号「×」の代用として使われる。
#	イゲタ・ナンバー	元は番号を表す記号だが、SNSでハッシュタグを付ける際、キーワードの前に付けて使われる。♯（シャープ）との混同に注意。
／	スラッシュ	「または」「および」の意味で使わる記号。そのほか、分数の表記や割り算の記号「÷」の代用として使われる。
§	セクション	日本では「節記号」と呼ばれ、見出しや節、項目の番号に付けて、文章や内容の区切りを表す。
¶	パラグラフ	欧文で使われる段落の始まりまたは終わりを示す記号。
「」	かぎかっこ	和文で、会話文や語句の引用、語句を強調したいときに前後をくくる形で使う。
『』	二重かぎかっこ	「」でくくられた会話文の中にさらに会話文を入れる場合に「」の中で使う。また、タイトル名・作品名などを表す際にも使われる。
()	丸かっこ	漢字や英語の読み方や、内容の補足・解説、略称の正式名称などを入れる際に前後をくくる形で使う。
・	ナカグロ	単語を並列する際、列挙する際、単語と単語の間に使う記号。また、外国人の名前や外来語の区切りとしても使われる。
※	コメジルシ	注釈を付ける際に使う記号。複数の注釈がある場合は「※」の後に数字を入れて「※1」「※2」とする。
…	3点リーダー	文末で省略を表す記号。また、会話文での沈黙、文末で余韻を残す際にも使われる。通常はふたつ続けて「……」という形で使う。
―	ダッシュ	区間や範囲、時間の経過を表す記号。文頭につけて引用文、前後をくくって説明や副題、文末につけて省略を表す場合もある。
～	波ダッシュ	単語と単語の間に用い、時間、場所、数量の範囲を表す。また場所の前または後ろにつけて「○○から」と発信元を表す場合もある。
：	コロン	時刻を表す際、時・分・秒を区切るために使う。また、「会場：東京ホテル」のように項目名と内容を区切る際にも使われる。

COLUMN⑥

今さら聞けない略語・略称⑥

POS

読み ポス

語源 Point Of Saleの略語（頭字語）

店舗で商品を販売した時点で、商品名、個数、金額、時間といったリアルタイムの商品売上情報を、ネットワークを通じて本社のコンピュータで収集、記録し、売上や在庫、商品搬入などを総合的に管理するためのシステムのこと。日本語に訳すと「販売時点情報管理」となる。

PDCAサイクル

読み ピーディーシーエーサイクル

語源 Plan・Do・Check・Actの頭文字を取った造語

目標を設定して計画を立案し（Plan）、その計画を実行に移し（Do）、実行した内容の検証を行い（Check）、どのような対策や改善を行うべきかを検討する（Act）という4つの段階を繰り返すことによって、業務を継続的に改善し、効率化していくフレームワークのひとつ。

5S

読み ゴエス

語源 整理・整頓・清掃・清潔・躾（習慣）という5つの単語のローマ字の頭文字Sを取った略語

製造業、サービス業などの職場において徹底して管理すべき5つの項目をまとめたスローガン。いらないものを捨てる「整理」、必要なものを必要な場所に置く「整頓」、ゴミや汚れのない状態に保つ「清掃」、職場の衛生を保つ「清潔」、これらのルールや手順を正しく守る「躾（習慣）」からなる。

5W1H

読み ゴダブリューイチエイチ

語源 Who・When・Where・What・Why・Howの頭文字を取った略語

いつ（When）、どこで（Where）、だれが（Who）、なにを（What）、なぜ（Why）、どのように（How）という情報伝達の6つのポイントをまとめたもの。メールや報告書などの文章や口頭での伝達の際、情報を正確に相手に伝えるために意識すべきビジネスフレームワークの基本とされている。

わ行

「わ」から始まる用語 ………………………… 158

「わ」から始まる用語

ワークシェアリング

耳にする頻度 ★★★

意味 労働者ひとりあたりの労働時間を短縮することにより、雇用者数を増やす政策のこと。仕事を分かち合うこと。

使い方 【応用】**たとえば、家庭内で夫婦が家事労働を分担するのは「ワークシェア」。失業対策などを目的に、政策として行われる仕事の分かち合いをこう呼ぶ。**

ワークショップ

耳にする頻度 ★★★

意味 参加者が自主的に意見交換や共同作業を行い、実践的な知識や技術を学ぶ参加体験型学習のこと。

使い方 【勘違い注意】**何か仕事をさせられるわけではないし、作業服や事務用品を売っている店のことでもない。また、受け身の姿勢で行っても何も学べない場所である。**

ワークスタイル

耳にする頻度 ★★★

意味 自身の生活や価値観に合った仕事のやり方のこと。

使い方 **使用例「週休3日のワークスタイルを認める会社が、もっともっと増えてもいいと思うんだけどな」**
――最大の障壁は同僚の冷たい目だったりする。

ワークフロー

耳にする頻度 ★★☆

意味

情報や業務のやり取りの一連の流れのこと。または、それを図式化して定義すること。

使い方

使用例「ここにワークフローをまとめておきました」
――異動や退職のときは、後任の人に仕事の流れを伝えておきたい。ただ、それがちゃんとできる人は少ない。

ワーク・ライフ・バランス

耳にする頻度 ★★☆

意味

仕事と生活のバランスが取れている状態のこと。

使い方

使用例「理想のワーク・ライフ・バランスを求めて、東京からこちらに移住してきました」
――過大な夢や期待を抱いて地方に移住するのは危険。

ワンストップ

耳にする頻度 ★★☆

意味

ひとつの場所でさまざまなサービスが受けられること、複数の用事を済ませられること。

使い方

使用例「当○○市役所では、出産や育児に関するお手続きがワンストップでご対応できるようになりました」
――たらい回しにされる不便や不愉快さを味わわずに済む。

【監修者紹介】
池田芳彦（IKEDA　YOSHIHIKO）

横浜国立大学大学院国際社会科学研究科博士後期課程修了。文京女子大学経営学部助教授を経て、文京学院大学経営学部教授となる。専門分野は国際マーケティング。主な著書には『マネジメント基本事典』（学文社）、『グローカル経営』（同文館出版）などがある。

【参考文献】
『知っているようで知らない　ビジネス用語辞典』（出口汪監修／水王舎）、『大人の語彙力ノート』（齋藤孝著/ソフトバンクリエイティブ）、『大人の語彙力強化ノート』（吉田裕子著/宝島社）
※このほか多くの書籍やWebサイトを参考にしております。

【STAFF】
編集……………………株式会社ライブ（竹之内 大輔/畠山欣文）
執筆……………………石原 壮一郎/小日向 淳/永住貴紀
装丁……………………はんぺんデザイン
本文デザイン………寒水 久美子
DTP……………………株式会社ライブ
校正……………………玄冬書林

現代ビジネス用語事典

2020年3月1日　第1刷発行

監　修　者　池田芳彦
発　行　者　吉田芳史
印　刷　所　株式会社文化カラー印刷
製　本　所　大口製本印刷株式会社
発　行　所　株式会社日本文芸社
〒135-0001　東京都江東区毛利2-10-18 OCMビル
TEL.03-5638-1660［代表］

内容に関するお問い合わせは小社ウェブサイト
お問い合わせフォームまでお願いいたします。
URL https://www.nihonbungeisha.co.jp/

Printed in Japan 112200221-112200221Ⓝ01　(050021)
ISBN978-4-537-21774-2
（編集担当：上原）